VOYAGE

DE

PARIS A LA MER

DISTANCE DU CHEMIN DE FER

DE PARIS A ROUEN.

DISTANCE DE chaque station entre elles.	NOMS DES STATIONS.	DISTANCE DE PARIS
k. m.		k. m.
» »	Embranchement (*Colombes*).........	8,850
8,093	Maisons...	16,943
9,274	Poissy...........................	26,217
6,082	Triel............................	34,299
6,567	Les Mureaux (*Meulan*)............	40,666
8,185	Épône....................... ..	48,851
7,324	Mantes...........................	36,175
12,720	Bonnières........................	68,806
10,986	Vernon...........................	79,881
13,382	St-Pierre de la Garenne (*Gaillon*)...	93,265
13,180	St-Pierre du Vauvray (*Louviers*)....	106,443
12,580	Pont-de-l'Arche..................	119,023
4,684	Tourville (*Elbeuf*)................	124,005
12,828	Rouen............................	136,033

PARIS. — IMPRIMERIE CLAYE ET TAILLEFER,
rue Saint-Benoit, 7.

VOYAGE

DE

PARIS A LA MER

Par Jules Janin

DESCRIPTION HISTORIQUE

DES VILLES, BOURGS, VILLAGES ET SITES SUR LE PARCOURS DU CHEMIN DE FER

et

DES BORDS DE LA SEINE

orné d'un grand nombre de vignettes dessinées sur les lieux

PAR MOREL-FATIO ET DAUBIGNY

de quatre cartes et plans gravés par P. Tardieu

PARIS. — ERNEST BOURDIN, ÉDITEUR

51 RUE DE SEINE-SAINT-GERMAIN

Dans toutes les Stations des Chemins de fer et des Bateaux à vapeur.

1847

ORDONNANCE DE POLICE.

PRESCRIPTIONS

RELATIVES AU SERVICE ET A LA SURETÉ DES VOYAGEURS.

Les voyageurs ne doivent pas entrer dans les voitures sans être munis d'un billet. Ils ne peuvent se placer dans une voiture d'une autre classe que celle qui est désignée par le billet.

Les billets ne peuvent servir que pour l'heure indiquée. — Ils doivent être présentés à l'entrée des salles d'attente et conservés pour être remis à la station d'arrivée. — Ils seront représentés à toute réquisition des agents de la Compagnie. — Les voyageurs qui ne pourraient pas représenter leur billet paieront le prix de leur place, calculé sur la distance la plus éloignée. — Toutes les fois qu'un voyageur voudra changer de place, il en préviendra le chef de train et exhibera son billet. — A 2 ans, les enfants paient demi-place : à 6 ans, ils paient place entière.

Il n'est pas permis d'entrer dans les voitures, ni d'en sortir autrement que par la portière qui fait face au côté extérieur de la ligne du chemin de fer.

Il est défendu de passer d'une voiture dans une autre, de se tenir debout dans les voitures, de se pencher en dehors.

Les voyageurs ne doivent sortir des voitures qu'aux stations, et lorsque le train est parfaitement arrêté.

Il est défendu de fumer dans les voitures et dans les gares.

L'entrée des voitures est interdite :

1° A toute personne qui serait en état d'ivresse, ou vêtue de manière à salir ses voisins.

2° A tous les individus porteurs de fusils chargés, ou de paquets qui, par leur nature, leur volume ou leur odeur, pourraient gêner ou incommoder les voyageurs.

Tout porteur d'un fusil devra, avant son admission sur les quais d'embarquement, justifier que son fusil n'est pas chargé.

Les chiens ne seront pas admis dans les compartiments des voitures destinées au transport des voyageurs : ils devront être muselés et seront placés dans des caisses spéciales.

Les voyageurs devront être rendus aux stations au moins cinq minutes, et les bagages quinze minutes avant le temps indiqué au tableau ci-annexé — Cinq minutes avant l'heure fixée pour le départ, les bureaux de recettes seront fermés, et il ne sera plus délivré de billets.

Les bagages qui seraient présentés trop tard à l'enregistrement seront remis au train suivant, et taxés comme messagerie.

Il est alloué à chaque voyageur 15 kilog. de bagages ; l'excédant de ce poids sera payé suivant le tarif. — Les bulletins de bagages doivent être conservés pour être représentés à la station d'arrivée. — Les voyageurs pourront conserver avec eux leur bagage, pourvu qu'il ne puisse pas causer d'embarras Tout paquet enregistré sera déposé dans les voitures de bagages. — La Compagnie ne répond pas des effets non enregistrés, ni des chiens qui ne seraient pas amenés dix minutes avant le départ. — Le service des gares se faisant gratuitement, MM. les voyageurs sont invités à ne rien offrir aux facteurs.

Les voyageurs pourront éviter les embarras de la visite des bagages par les employés de l'octroi, en remettant leurs clefs et leur adresse à un employé de la Compagnie, spécialement chargé d'assister à cette visite. Les bagages seront portés à leur domicile dans un délai de deux heures. L'administration se charge également de prendre à domicile les bagages des voyageurs qui l'en aviseront.

…chot et Champion del. Outhwaite sculp.

PARIS

Paris (vue prise du pont du Carrousel).

INTRODUCTION

Le voyage de Paris à la mer, par Rouen et le Havre, offre un sujet d'étude historique du plus haut intérêt : à chaque pas, dans ce chemin semé de souvenirs, se rencontre une découverte, tantôt pour l'historien, tantôt pour l'artiste, tantôt pour l'archéologue; pour le philosophe, pour le poëte, pour le rêveur, pour le premier venu; en un mot, c'est là un chemin pittoresque, varié et charmant.

La poésie du dix-neuvième siècle, il faut le dire, c'est la vapeur. Autrefois il n'y avait que les vrais poëtes pour s'aventurer, sur les ailes de l'imagination, dans les pays inconnus; aujourd'hui, sur les ailes de flamme de la vapeur, tout le monde est poëte.

Mais n'allons pas si loin; il faut plus d'une semaine encore pour faire le tour du monde; or, comme nous n'avons qu'une matinée à nous, allons saluer la mer. Si Chapelle et Bachaumont étaient avec nous, ils raconteraient leur voyage tout entier en prose, car ils n'auraient plus le temps de rimer leurs impressions. Que dis-je, écrire! c'est sténographier qu'il faut dire.

N'oublions pas nos bagages : un cigare et un journal. Quand le journal sera lu, quand le cigare sera fumé en cachette, car il faut respecter les ordonnances, ma foi! nous serons au bout de nos peines... et de nos plaisirs.

Vestibule de l'embarcadère de Paris.

Vue extérieure de l'Embarcadère de Paris, rue Saint-Lazare.

NOTICE HISTORIQUE
SUR LES CHEMINS DE FER

Un mot, avant de partir, sur ce merveilleux attelage qui nous emmène. Ce n'est que vers la fin du dix-huitième siècle, que l'on a commencé à étudier avec une attention sérieuse les lois de la vitesse et de la résistance, pour en appliquer les résultats aux moyens de transport. Sans doute, avant cette époque, on avait creusé des canaux, dallé des routes, comblé des vallées, aplani des montagnes; mais les entrepreneurs de ces grands travaux obéissaient plutôt à un vague sentiment de renommée ou d'ambition qu'à une théorie rigoureusement arrêtée.

C'était moins pour favoriser les intérêts particuliers que pour consolider leurs conquêtes et pour en préparer de nouvelles, que Rome et Carthage sillonnaient leur empire de ces magnifiques voies, dont la construction solide et monumentale étonne encore nos regards. On comptait, rien que dans la Sicile, plus de six cents lieues pavées par les Romains, près de cent lieues dans la Sardaigne, soixante-treize en Corse, onze cents dans les Iles Britanniques, un nombre beaucoup plus considérable en Italie, dans les Gaules et en Espagne ; quatre mille deux cent cinquante dans l'Asie, quatre mille six cent soixante-quatorze en Afrique. De savants géographes ont calculé que le parcours réuni de toutes les grandes voies romaines pouvait représenter quarante mille lieues ; mais aucune ne se rattachait à un système de communication ; la plupart de ces voies triomphantes, et vraiment romaines, longeaient le littoral de la mer, pour soutenir les opérations de la flotte, dont les galères étaient, chaque soir, tirées à terre : c'étaient, en un mot, des routes stratégiques sur lesquelles les légions romaines s'avançaient pour conquérir le monde. Le système de viabilité bien arrêté des peuples modernes n'a aucun point de ressemblance avec ces sentiers du grand peuple. Créé dans un but tout pacifique, il ne tend qu'à rendre plus faciles les relations commerciales, à rapprocher les divers foyers de production, à augmenter les débouchés de l'industrie. Les perfectionnements apportés à la navigation intérieure et extérieure ont déterminé une grande partie de cette révolution... c'est aux chemins de fer à accomplir le reste.

La première application de ce système de communication perfectionnée, date du dix-septième siècle. En 1649, M. de Beaumont vint à Newcastle-upon-Tyne, où il fit une série d'expériences sur l'exploitation des houillères et sur le *transport* de leurs produits dans des *voitures d'une construction nouvelle*. Quoique l'on ne sache pas précisément en quoi consistait son invention, M. Ward le regarde comme le premier inventeur des *rails-ways*, et, comme tous les inventeurs,

M. de Beaumont eut l'honneur de se ruiner de fond en comble. Ce qu'il y a de sûr, c'est qu'en 1676, des routes de ce genre existaient déjà ; car dans la Vie du garde des sceaux lord North, on trouve le passage suivant : « La manière de faire le transport consiste à poser des *rails* de bois, depuis la houillère jusqu'à la rivière, parfaitement droits et parallèles entre eux. On fait ensuite de gros chariots avec quatre rouleaux qui s'adaptent à ces rails, ce qui rend le transport si facile, qu'un seul cheval est en état de tirer quatre à cinq *chaldrons* (8 à 10 mille livres) de charbon, immense avantage pour les marchands. » L'observation était très-juste. En effet, sur un pavé neuf et bien exécuté, la résistance est quatre fois plus considérable que sur un chemin de fer ; sur une route en cailloux, cette résistance est huit fois plus forte, et sur une route en gravier, seize fois plus.

Cependant le peu de solidité et de durée que présentaient ces voies en bois obligea bientôt de les revêtir de plaques de fer ou de fonte, dans les parties où le frottement était le plus fort. En 1767, on employa exclusivement la fonte ; les premiers rails de fonte consistaient en bandes plates, avec un rebord ou épaulement intérieur, mais on sentit plus tard l'avantage de construire les chemins à raïls saillants, et en fer malléable. En 1788, on imagina de faire agir le poids même des chariots, descendant le long des plans inclinés, au moyen d'une combinaison de poulies. En 1808, on commença à placer, au sommet des rampes, des machines à vapeur qui firent tourner un treuil sur lequel s'enroulait une corde fixée, par l'une de ses extrémités, aux chariots qu'il fallait élever. Enfin, en 1810, on fit usage des machines locomotives. Depuis ce temps, le nombre des chemins de fer en Angleterre, servant au transport, soit par la force des chevaux, soit par celle de la vapeur, s'est successivement accru. Liverpool et Manchester, Carlisle, Newcastle, le comté de Glamorgan, Cardiff et Mestyr Tidwil, Cromford and High, Peak, Birmingham et Bristol, Leeds et Selby, Canterbury et Whistable, etc., ont abrégé, ou pour mieux dire supprimé les distances, en créant des chemins de fer ; l'Écosse et l'Irlande ont suivi l'exemple de Londres, mais sur une moindre échelle. La plupart de ces entreprises sont en pleine prospérité, et chaque jour il s'en forme de nouvelles. Le parcours actuel de toutes ces routes est de trois cent quarante milles (113 lieues.)

Parmi ces chemins, l'un des plus intéressants quoiqu'il soit un des moins longs, il faut compter le chemin de Londres à Greenwich. Ce rail-way forme un viaduc élevé de 22 pieds au-dessus du sol, et se compose de mille arches, commençant au bas du pont de Londres, pour s'arrêter à Bexley-Place, à Greenwich. Sa longueur totale est de trois milles, trois quarts. La dépense de ce chemin a été estimée à 437,000 livres sterling (10,925,000 fr.).

Voilà tantôt quinze ans que ce nouvel outil du génie humain a été livré à l'industrie, et dans ces quinze années d'un si rude labeur, que d'essais, que de changements, que de modifications ont été tentés, réalisés, abandonnés ou suivis! Qu'il y a loin de cette *Fusée* et de cette *Nouveauté*, qui firent, en 1829, l'admiration des juges du concours de Manchester, à la *Seine*, au *Saint-Germain* et au *Louis-Philippe*, qui fonctionnent sur les rails de Paris à Saint-Germain! La science des constructeurs a fait des progrès immenses, et cependant, combien de perfectionnements, combien de problèmes restent encore à introduire et à résoudre! Chaque expérience fournit des indications nouvelles. On a remplacé les anciens rails, qui étaient trop légers, par des rails qui pèsent 60 à 65 livres, et qui ont 4 pieds de portée; le poids du *chair* a été aussi augmenté, il est aujourd'hui de 20 livres aux joints, et aux points intermédiaires. Toutes les nouvelles machines sont montées sur six roues, et toutes les roues sont en fonte; les anciennes voitures que l'on répare reçoivent une addition de deux roues; les cylindres, qui étaient autrefois disposés en dehors des roues, sont placés à l'intérieur; on a agrandi aussi la boîte à feu, et toutes ces dispositions nouvelles ont ajouté leur puissance incroyable à ces merveilleuses machines qui ont été poussées, à le voir du moins, à leur dernière perfection. Voici, jusqu'à ce jour du moins, le modèle le plus parfait :

Malgré ces hésitations et malgré ces expériences coûteuses, les résultats des entreprises des chemins de fer deviennent chaque jour plus importants. En 1835 (il y a douze ans!) les divers chemins de l'Angleterre, ouverts à la circulation, ont transporté 10 millions de voyageurs, 2,250,000 tonnes de marchandises, 500,000 bêtes à cornes et 1,700,000 moutons et porcs. Le bénéfice réalisé pour les entrepreneurs s'est élevé à 2,000,000 liv. st. (50,000,000 fr.). Dans un seul semestre, le chemin de Liverpool a donné 46,000 liv. st. (1,150,000 fr.) de produit net. Aussi toutes ces administrations rétribuent-elles largement tous leurs employés; l'ingénieur en chef reçoit 2,000 liv. st. (50,000 fr.) par an ; les ingénieurs secondaires 500 liv. st. (12,500 fr), quelquefois moins, jamais au-dessous de 200 liv. st. (5,000 fr.); le réparateur des machines touche 4 guinées (104 fr.) par semaine; l'*engineman* (conducteur), 56 schellings (45 fr.); le *fireman* (chauffeur) une guinée (26 fr. 50 c.). En général, les salaires des ouvriers sont de 3 à 5 schellings (3 fr. 75 c. à 6 fr. 25 c.) par jour.

Mais c'est assez de dates et de chiffres : la vapeur a fait entendre son sifflement aigu ; le train s'ébranle, laissons là l'histoire et la statistique, partons, et regardons de tous nos yeux.

DESCRIPTION DES TRAVAUX D'ART DU CHEMIN DE FER DE PARIS A ROUEN.

Ici, le lecteur trouvera réunies toutes les merveilles du chemin de fer, de Paris à Rouen et de Rouen au Havre. Parlons d'abord du chemin de Paris à Rouen ; deux années de travail, toute la patience et tout le génie des deux plus grands peuples du monde, et trente-huit millions de dépense, ont à peine suffi pour mener cette œuvre à bonne fin.

Cette ligne, d'une influence toute-puissante sur l'avenir des chemins de fer, ne comptait pas moins de 136 kilomètres 033 millim. (près de 34 lieues) d'une exécution difficile, en raison du nombre et de la rapidité des courbes. — *Largeur* sur toute la ligne, 10 m. — *Écartement des rails* sur chaque voie, 1 m. 44 c.; — *entre-deux* des voies, 1 m. 80 c.; *épaisseur* des rails, 0 m. 64 c. La route est partout recouverte de 0 m. 60 millim. de sable.—*Pente totale de Paris à Rouen :* 27 m. 75 millim.

Point de pentes qui aient plus de 003 m. 75 millim. Quatre ponts doubles sur la Seine donnent 30 arches de 30 m. d'ouverture : Bezons, 9 arches ; Maisons, 5 ; le Manoir, 6 ; Oissel, 10.

Cinq tunnels, donnant en résultat 5 kilom. 335 m., à savoir :

BATIGNOLLES.	ROLLEBOISE.	VILLERS.	VENABLES.	TOURVILLES.
39 m.	2,625 m.	1,700 m.	246 m.	435 m.
Point culminant de la montagne au-dessus de chaque tunnel.				
18	82	59	23	30

Quand nous serons arrivés à Rouen, nous donnerons les détails du chemin de Rouen au Havre.

Salle d'attente de l'embarcadère de Paris.

INAUGURATION DU CHEMIN DE FER

(LE 3 MAI 1843).

C'est l'empereur Napoléon qui l'a dit : Paris, Rouen, le Havre, sont une même ville dont la Seine est la grande rue. L'image est noble, elle est grande et vraie, elle rappelle à merveille cette magnifique définition de la Méditerranée, quand Napoléon s'écriait : *La Méditerranée, c'est un lac français!* Et cependant, depuis les jours de l'Empire, quelle révolution *dans ces chemins qui marchent!* comme eût dit Pascal ;

quelle grande conquête, la vapeur, cette force obéissante et domptée, à laquelle rien ne résiste! Devant elle s'aplanit la montagne, se comble la vallée; elle commande aux flots de la mer en courroux, elle résiste au vent qui gronde, elle devance le cheval de course, et, toujours infatigable, à peine arrivée, elle est prête à repartir. L'histoire de cette domination de la vapeur sur les travaux de l'industrie, sur les fleuves, sur la terre ferme, partout où il s'agit de dévorer l'espace et de donner le mouvement à ces grandes forces qui usaient les hommes, composerait à elle seule l'histoire la plus dramatique, la plus imposante, la plus solennelle qu'aient jamais illustrée les annales de l'humanité. A l'heure où nous sommes, et après les premières hésitations qui attendent, à son début, toute force nouvelle, la vapeur peut dire à coup sûr : — C'est moi qui suis la reine du monde! c'est moi qui suis la paix universelle! grâce à moi, il n'y a plus qu'un seul et même peuple dans le monde, un peuple d'amis, un peuple de frères! grâce à moi, Londres et Paris se donnent la main! les deux mers sont réunies pour ne plus jamais se séparer, toute haine nationale disparaît! J'efface à tout jamais les préjugés de peuple à peuple. — Cette fois, en effet, grâce à la vapeur, le mot de Louis XIV : *Il n'y a plus de Pyrénées!* peut s'appliquer à toutes les nations de l'univers.

Les deux journées, du 2 et du 3 mai 1843, et la journée non moins célèbre du 22 mars 1847 seront à jamais célèbres dans l'histoire de l'industrie et de la prospérité de la France : en deux fois vingt-quatre heures (la fête du roi finissait à peine), cette ville de Paris, que l'on disait si fort en retard sur les nations voisines, devait inaugurer deux grandes lignes de chemins de fer, l'une qui s'arrête à la cathédrale d'Orléans, l'autre qui traversait la capitale de la Normandie, pour ne plus s'arrêter bientôt que sur les bords de l'Océan. Dans les journées de ce grand triomphe, les populations empressées ont applaudi avec les transports d'une joie complète. Elles se disaient que cette fois le grand rêve de l'industrie, du travail, d'un immense capital ajouté à la vie de chacun et de tous, se réalisait enfin au gré de toutes les espérances. En effet, jusqu'à ces journées mémorables du 2 et du 3 mai 1843, et du 22 mars 1847, pour ce Paris incrédule qui veut tout voir de ses yeux, l'établissement des chemins de fer était plutôt un merveilleux jouet à l'usage des oisifs et des riches, qu'une institution sérieuse destinée à servir les intérêts les plus graves des travailleurs. Ces deux chemins, qui venaient aboutir au milieu des ruines splendides et des enchantements de Versailles, cet autre sentier de la fête de chaque jour, qui jetait le voyageur tout au pied de la montagne de Saint-Germain et de ses *pittoresques* hauteurs, ne pouvaient guère contenter les vastes projets et les légitimes impatiences d'un si grand peuple. Ce sont deux admirables promenades, sans aucun doute, de nobles distractions, de riches loisirs; mais pour le plus grand bénéfice de la vie ordinaire, pour la rapidité d'une route par laquelle doit passer toute la France, pour servir de but au travail, à la spéculation, au commerce, à la prospérité publique, comme un moyen plus rapide d'arriver à ces heures d'un repos honorable, auquel aspirent toutes les âmes bien faites après les rudes labeurs, ces deux routes du luxe parisien étaient comptées pour bien peu dans les destinées à venir. Paris n'avait pas encore pris au sérieux, comme il l'a fait depuis, une institution commencée sous des auspices si frivoles; il ne comprenait pas qu'on pût dépenser tant d'argent, tant de persévérance et de génie, pour se promener plus à l'aise, à certains dimanches de l'année, et pour voir jouer les eaux des jardins de Versailles. Paris savait à peine qu'il existait, en France, plus d'un chemin de fer qui déjà travaille la nuit et le jour, comme un manœuvre : le chemin de fer de Saint-Étienne à Lyon, de la ville de Nîmes à la Grand'Combe, et le chemin de l'Alsace, et celui du bassin d'Arcachon. Paris en était resté à ses deux chemins oisifs qui le menaient à Versailles, qui le promenaient à Saint-Germain.

Mais cette fois, grâce aux plus nobles efforts, grâce à l'alliance la plus utile et la plus durable que l'Angleterre et la France aient jamais pu conclure, car cette alliance est fondée sur la paix, sur la confiance, sur l'estime réciproque des deux plus grands peuples du monde, la France entière n'aura plus aucun doute sur l'avenir et sur la toute-puissance de cette révolution nouvelle. L'œuvre est magnifiquement commencée; le royaume entier a compris que désormais il allait avoir sa part dans ce vaste progrès. Aussi l'annonce seule de ces deux entreprises menées à bonne fin, et en si peu de temps, a-t-elle produit dans le public cette sorte d'émotion bruyante qui ressemble beaucoup à l'émotion d'une bataille gagnée; la bataille n'a coûté que des sueurs et pas de larmes, du travail et pas de sang. Après la victoire, chaque combattant, resté debout, interroge du regard le champ qu'il a conquis; mais aujourd'hui, dans ces conquêtes de l'industrie, après ces terribles combats qu'il faut livrer contre tant d'obstacles infinis, vous éprouvez une émotion sans remords, tant vous êtes sûr que la cause était juste, que le triomphe est mérité, que la victoire sera durable, tant vous êtes charmé d'entendre les cris de joie non pas d'un seul peuple, mais de tous les peuples de l'Europe dont vous avez suivi l'exemple, et de ceux qui suivront votre exemple, à leur tour.

Eh! qui ne se fût fait une grande joie de marcher à la suite de ces deux jeunes princes, l'honneur de la jeunesse française, d'entendre retentir à son oreille les acclamations de tant de populations empressées, de voir accourir au-devant du glorieux cortége, les prêtres, les magistrats, les laboureurs, les citoyens, les enfants qui veulent apprendre, les vieillards qui veulent tout voir, confondus et mêlés dans le triomphe universel? Aussi, d'un bout à l'autre, cette vaste contrée, ou plutôt cette immense avenue de riches villages, de cités opulentes, de palais et de chaumières, qui conduit de Paris à Orléans, de Paris à Rouen, devait être remplie de la plus noble foule, curieuse, attentive, triomphante. Songez donc à cela : Rouen à Paris! le Havre à Paris! et si peu d'heures pour se trouver porté, tout d'un coup, dans la province aux destinées guerrières et pacifiques, pour se trouver, du milieu de

Paris, dans cet amas de cathédrales, de maisons gothiques, de ruines féodales, au milieu de tous ces paysages charmants que tant de grands poëtes ont préférés, même aux plus divins aspects de l'Italie! — Pour entendre la mer qui gronde et l'Angleterre qui appelle! Pour assister à l'accomplissement d'un miracle que l'empereur Napoléon lui-même, — au plus fort de sa gloire et de sa toute-puissance, — n'aurait pas osé rêver!

Songez donc à son triomphe, si on lui eût démontré qu'un jour, un chemin, rapide comme le vent qui porte le tonnerre, partirait du Champ-de-Mars, emporterait avec la rapidité de l'éclair toutes ces aigles, tous ces canons, tous ces chevaux, toutes ces armées, et qu'un seul jour suffirait pour tout lancer sur l'Europe. Aujourd'hui, la revue dans le Champ-de-Mars, et demain, la bataille dans le monde entier. — Quel rêve fut jamais plus étrange, et pourtant, quel rêve plus facile à réaliser!

Aussi, quand le chemin de fer de Paris à Rouen, et plus tard, de Rouen au Havre, eut été annoncé comme un événement accompli, ce fut, parmi les hommes les plus importants de Paris et de la France, à qui serait admis à l'honneur de cette inauguration, à travers la plus noble province de France; halte d'une heure, dans la patrie de Corneille, après avoir quitté, le matin même la patrie de Molière. C'est une si grande joie, en effet, d'entendre retentir sur son chemin les acclamations des populations empressées.

Concours immense des prêtres, des magistrats, des gardes nationales, des marchands, des laboureurs, des enfants étonnés, des vieillards accourus pour admirer ce dernier miracle; c'était un beau spectacle, bien fait pour être envié et recherché par les intelligences les plus avancées, par les esprits avides de prendre leur part de ces nobles et excellentes émotions.

Pour vous dire tous les hommes invités à cette fête, il faudrait citer toutes les célébrités parisiennes, tous les grands noms de la paix et de la guerre, la chambre des députés, la chambre des pairs, les cours souveraines, la cour royale, l'Institut, et enfin les poëtes, les artistes, les hommes qui n'appartiennent à aucun corps constitué et dont cependant le nom est populaire; car ces noms-là, vous les retrouverez toujours, à toutes les occasions glorieuses, qu'il s'agisse des princes du sang ou des plus humbles artistes, des plus illustres orateurs ou des écrivains les plus modestes. Dans ce cortége, chacun se connaît : on s'est déjà vu tant de fois ! partout où il s'agissait de donner un utile signal !

Au reste, pour que l'histoire de cette double inauguration soit complète, et par la raison toute simple que cette inauguration a été faite, en deux fois vingt-quatre heures, par les mêmes hommes qui président aux destinées, ou, ce qui revient au même, aux opinions de la France, il suffit de nommer les voyageurs du premier voyage : M. le duc de Nemours, en tenue d'officier général, était entouré des généraux Tibúrce Sébastiani, Colbert, Marbort, Gourgaud, de Montesquiou, d'Houdetot, Daullé, des colonels de La Rochefoucauld et de Chabannes. Avec M. le duc de Nemours était accouru le jeune capitaine que la famille royale a fourni au régiment d'artillerie de Vincennes, M. le duc de Montpensier. Autour du prince s'étaient réunis quatre membres du cabinet, le ministre des travaux publics et ses collègues de l'intérieur, du commerce et des finances. Le ministre et le sous-secrétaire d'État des travaux publics étaient accompagnés d'ingénieurs en grand nombre, des inspecteurs généraux et divisionnaires des ponts et chaussées et des mines, Bineau, Baude, pairs de France, députés, administrateurs, et plusieurs notabilités des lettres, des sciences et des beaux arts.

C'est surtout dans cette province heureuse de toutes les gloires de génie et de travail, que devait être accueillie et comprise cette grande révolution de la vapeur. Le temps vaincu, la distance franchie, l'espace supprimé ! —Paris, aux portes du Havre. — Aux pieds des tours de Notre-Dame..... l'Océan !

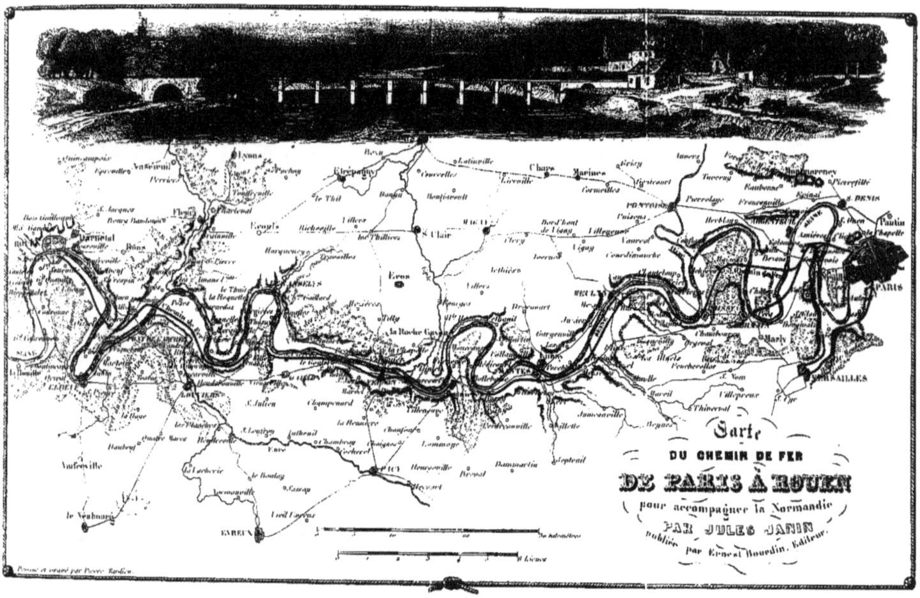
Carte
DU CHEMIN DE FER
DE PARIS À ROUEN
pour accompagner la Normandie
PAR JULES JANIN
publiée par Ernest Bourdin, Éditeur.
PARIS
VERSAILLES
S. DENIS
Pantin
Marly
Villepreux
Thiverval
Chars
Marines
Étrépagny
Lyons
la Roche Guyon
EVREUX
le Neubourg

Embarcadère de Rouen, du Havre, de Versailles et de Saint Germain.

DÉPART DE PARIS.

BATIGNOLLES. — CLICHY. — ASNIÈRES. — COLOMBES. — BEZONS. MAISONS-LAFFITTE.

Chacun sait que le beau chemin de fer, de Paris à Saint-Germain, et de Rouen au Havre, à l'Océan, ce chemin modèle, est devenu le point de départ de Paris à Rouen.

Vous reconnaissez les *Batignolles, Clichy, Asnières*, les avant-postes du chemin qui conduit à Saint-Germain.

Qui ne se souvient des *Batignolles* il y a vingt ans ? Un pauvre hameau tout couvert de chaume, où chantaient par-ci par-là quelques guinguettes. Le nom de village eût semblé trop pompeux pour ce chétif amas de masures, plein de fondrières en décembre, aride au mois d'août, comme la plaine de Montrouge. Mais voilà qu'un beau jour, et la mode aidant, le hameau est devenu village, le village un bourg, et le bourg une ville. L'instant d'après, arrive *Clichy*, avec sa haute tour carrée, où le bon roi Dagobert, si célèbre par sa maladresse, eut une maison de campagne. Donnez un coup d'œil à l'église, bâtie par saint Vincent de Paul, ou mieux encore, admirez, en passant, ce beau fleuve qui roule, avec tant de calme, ses eaux limpides. La Seine, parsemée d'îles fleuries et verdoyantes, s'ouvre, en frémissant, sous la proue des bateaux à vapeur humiliés et vaincus ! Encore une révolution dépassée, les bateaux à vapeur ! D'un seul bond, le chemin de fer nous emporte, et déjà s'effacent à nos yeux les riants coteaux de *Montmorency*, les sombres clochers de *Saint-Denis*, et ces ravissantes îles de *Neuilly*, semblables aux corbeilles de fleurs et de lianes que roule le Meschacebé.

Ici, c'est *Asnières*, un nom de bon augure pour les écoliers, et qui nous rappelle de si belles promenades, aux jours de l'école buissonnière. A notre gauche se trouve cette campagne du *Marais*, si chère à Mirabeau, et d'où il partit mourant pour n'y jamais revenir. Tout en face, apercevez-vous un point noir ? C'est le convoi de Saint-Germain qui arrive comme la foudre, et qui se croise avec vous, en lâchant une bordée d'éclairs et de bruit dont vous êtes encore tout étourdi, quand tout d'un coup vous atteignez *Courbevoie*.

A *Colombes*, le chemin de Rouen abandonne la route de Saint-Germain, pour entrer dans son véritable domaine. Nous autres cependant, dans cet itinéraire que nous voulons faire concis et rapide, nous tâcherons d'aller moins vite que la locomotive poussée par cette force impétueuse et brûlante, la vapeur.

Le premier travail du nouveau chemin, c'est le pont de *Bezons*, hardiment jeté sur les deux bras de la Seine. Ce pont est porté sur neuf arches de trente mètres ; il est jeté en biais sur le fleuve. Le chemin

Bezons.

est en remblai jusqu'à Houilles; cette commune est traversée en tranchée. On a enlevé de cette tranchée, 200,000 mètres cubes de terre; la plus grande profondeur de l'excavation est de 8 mètres.

On sort de la tranchée de Houilles, pour arriver au pont de *Maisons*, par un remblai fort élevé. Le pont de *Maisons* est en tout, semblable au pont de *Bezons*. C'est la même œuvre, ce sont les mêmes difficultés vaincues. La station *Maisons* fait face à la grande allée qui mène au château de M. Laffitte. La forêt de Saint-Germain, tout entière, est traversée en tranchée. Dans la forêt, neuf ponts sont établis, et au dernier de ces ponts commence un remblai qui se prolonge, presque sans interruption, jusqu'à *Mantes*. Près de *Mureaux* se trouve un pont en biais, que tous les hommes de l'art proclament comme une des plus difficiles merveilles du chemin. Ce pont est sous un angle de 26 mètres 40 millimètres.

2.

Le premier village important qui se présente aux yeux du voyageur, est le village de Maisons-Laffitte, du nom de cet homme illustre dont le nom a été si longtemps, comme le cri de ralliement du progrès et des libertés à venir. Le village est assis sur un coteau pittoresque; le châ-

Maisons-Laffitte.

teau de Maisons, riche demeure qui se souvient de Voltaire, montre tout d'abord, aux regards charmés, sa façade digne de Mansard; son parc quelque peu coupé en parcelles étriquées, mais encore plein de silence et d'ombrage, fut tracé en 1658, par Hardouin Mansard, pour le président de Maisons, surintendant des finances. Il fit partie des domaines du comte d'Artois (le roi Charles X), qui y avait fait disposer des appartements particuliers pour Louis XVI et Marie-Antoinette. Napoléon en fit don au maréchal Lannes, duc de Montebello, et quand l'Empire eut fait place à la Restauration, le château de Maisons fut vendu à M. Jacques Laffitte, dont le souvenir est inscrit pour jamais dans ces murs attristés. Cette demeure princière est posée sur la hauteur et fait face au pont, dont le château est séparé par une belle prairie, dans laquelle on peut pénétrer par un petit pont de trois arches en fer forgé, dont les détails sont pleins de goût et d'élégance. Les mille arpents de bois qui composent le parc, se trouvent enclavés dans la forêt de Saint-Germain, et s'étendent, du côté de la Seine, sur plus d'une demi-lieue de longueur.

Vous pouvez admirer, de loin, cet illustre château de *Saint-Germain*, dans lequel vint au monde le grand roi Louis XIV; plusieurs humbles villages, mais d'une humilité pittoresque, *Sartrouville*, *Lafrète*, *Harblay*. Le château d'Harblay est entouré d'un bosquet charmant, laissant à peine entrevoir les maisons blanches et les toits de chaume. A votre droite, vous laissez *Conflans*, situé en effet au confluent de la Seine et de l'Oise; l'Oise, cette rivière aimable et gaie qui s'en vient des Ardennes par la Fère, Chauny, Compiègne, Pont-Sainte-Maxence, Beaumont, et enfin Pontoise. A cet instant, l'Oise tombe dans la Seine, qui l'entraîne jusqu'à la mer.

Poissy.

POISSY. — TRIEL. — MEULAN. — LES MUREAUX. — MÉZY. — ÉPONE.

Poissy se présente; cette ville d'une origine antique, Poissy, dans laquelle Charles le Chauve, en l'an 860, a tenu l'assemblée nationale des grands et des prélats du royaume. Le fils de Hugues Capet, le roi Robert et sa femme Constance, avaient *un hôtel de campagne* à Poissy. Là, vint au monde, le 24 avril 1215, le saint roi, Louis IX. Il signait souvent: Louis de *Poissy*, en mémoire du lieu de son baptême, et par une modestie qui sied bien à un grand roi.

Dans un caveau de cette église, qui fut entièrement détruite, ainsi que l'abbaye, durant les mauvais jours de 1793, fut découvert le cœur du prince qui avait fondé l'église de Poissy, Philippe le Hardy; l'urne était de plomb, et portait l'inscription suivante :

CY-DEDEN EST LE CVER DV ROY PHYLIPPE
QVI FVNDA CESTE EGLISE, QVI TRESPASSA A FONTAINEBLEAV LA VEILLE
DE SAINT ANDRÉ M CCC XIV.

En 1561 se tint, dans le réfectoire des Ursulines, le fameux *colloque de Poissy*, réclamé par les États Généraux, pour mettre un terme aux controverses qui divisaient alors, en France, les catholiques et les calvinistes. Six cardinaux, trente-six évêques, et un grand nombre de docteurs en théologie, s'y rendirent, en même temps que Théodore de Bèze, gentilhomme de Vézelay en Bourgogne, l'ami de Calvin, et le chef après lui de l'Église de Genève, et Pierre-Martyr Vermiglio de Florence; ce même Vermiglio, qui, après avoir pris en Angleterre une grande part à la réforme, était devenu le chef de l'Église de Zurich. Le roi, accompagné de sa mère, du duc d'Orléans son frère, du roi et de la reine de Navarre, des princes et des grands officiers de la couronne, assista aux deux premières conférences, qui eurent lieu les 9 et 16 septembre. Mais, par suite des suggestions du cardinal de Ferrare, d'Hippolyte d'Este et du légat du saint-siége, qui s'emparèrent de l'esprit de Catherine de Médicis, le roi ne se représenta pas aux conférences suivantes. Dès le quatrième terme, le 26 septembre, les catholiques et les calvinistes ne furent plus mis en présence : la Sorbonne avait condamné une profession de foi faite au nom de l'Église réformée, qui semblait répondre aux opinions des deux partis. — Ainsi se termina cette tentative de conciliation à laquelle furent attachées tant d'espérances, et qui n'eut d'autre résultat que d'envenimer des haines déjà trop fortes et de contribuer peut-être à hâter les guerres de religion.

Le marché de Poissy est célèbre; il sert d'approvisionnement à la boucherie de la ville de Paris. C'est encore une des grandes institutions du roi saint Louis.

A peine vous doutez-vous que ces murailles renferment une prison formidable dans laquelle ont été enchaînés, à des forçats couverts de lèpre, plusieurs écrivains très-énergiques, dont tout le crime a été d'avoir parlé avec trop d'indignation et de colère. — Les îles de Poissy sont chargées d'arbres et de verdure; le flot est bruyant et animé; le pont abrite sous ses arcades élégantes, plusieurs moulins où le froment ne manque jamais. Plusieurs petits villages se cachent çà et là, dans la verdure printanière. *Vilaines*, *Médan*, *Vernouillet*, dans lequel, plus d'une fois, M. le prince de Talleyrand a rendu visite à son frère; *Ver-*

Triel.

neuil, *Triel*. Là s'élevait, avant 1789, le château de madame la princesse de Conti. La position de Triel est charmante; au sommet de la colline s'élève l'église pittoresque, élégante, ornée de beaux vitraux, et surtout fière, à bon droit, d'un admirable tableau du Poussin, représentant l'Adoration des Mages. Le pape lui-même avait donné ce chef-d'œuvre à la reine Christine, après son abjuration. Un des gentilshommes, fatigué de suivre cette majesté vagabonde, voulut revoir Triel, son pays natal, avant de mourir ; il revint, apportant avec lui ce tableau méprisé par la reine, et il en fit hommage à l'église de Triel.

Meulan.

Voici *Meulan*. A Meulan commence l'histoire de la Normandie. Le comte et les seigneurs du pays furent massacrés par ces hommes du Nord. Philippe-Auguste réunit Meulan à la couronne de France. Cette ville était fortifiée, et elle opposa, pendant les guerres civiles, une résistance opiniâtre aux troupes du duc de Mayenne qui furent forcées de lever le siége. — Les deux parties de la ville et le village de Mureaux, communiquent ensemble, par un pont de pierres fort ancien. Tout en face de Meulan, en aval du pont, est l'*Ile-Belle*, dont l'abbé Bignon, bibliothécaire du roi Louis XV, avait fait une île enchantée. — Un jour ce prince, égaré à la chasse, se présenta au batelier pour passer à l'Ile-Belle. « L'abbé y est-il? dit le roi. — *L'abbé !* répondit le batelier, il est bien assez *monsieur* pour vous, apparemment. » Et Louis XV de rire, de ce bon rire que les princes ne trouvent guère, à leur cour.

A l'extrémité du pont de Meulan se rencontrent les *Mureaux*, dont le parc se perd dans les bois de Verneuil ; puis *Mézy*, dans une situation des plus heureuses; puis *Jugien*, l'ancienne maison de plaisance des évêques de Chartres, et enfin la station d'*Epône*. — La ville de Mantes n'est pas loin.

Mantes.

MANTES. — ROSNY. — ROLLEBOISE. — BONNIÈRES. — PONT-VELLEZ. — LA ROCHE-GUYON.

Mantes, la jolie et la bien nommée, n'a pas oublié que dans ses murs en flammes, vint tomber et mourir Guillaume le Bâtard, ce Guillaume le Conquérant que trois royaumes n'avaient pu arrêter dans ses conquêtes. Dans ces murs heureux et paisibles ont passé, les armes à la main, les plus grands capitaines : Du Guesclin pour la reprendre aux Anglais, Philippe-Auguste pour y mourir. Jeanne de France y fonda une église. Après le siége de Rouen, Henri IV vainqueur et maître, fit à Mantes un assez long séjour ; cette relâche fut employée par le cardinal Duperron, à préparer la conversion du roi au blanc panache et à lui prouver que *Paris valait bien une messe!* Ce qui restait de ce château, dans lequel séjournèrent plusieurs fois Louis XIII et Louis XIV, fut détruit en 1721 par ordre du duc d'Orléans, régent, son dernier possesseur.

Mantes est bâtie en regard de Limay, dans une situation charmante, sur le bord de la Seine, et au milieu de sites variés et riches en promenades. Elle se fait remarquer par un grand air d'aisance, et ses rues, propres et bien percées, sont ornées de plusieurs fontaines. L'église Notre-Dame, que l'on découvre à neuf lieues de distance, est un monument gothique fondé par Jeanne de France. Elle se distingue extérieurement par la hauteur et la délicatesse de ses tours, intérieurement par sa nef, élevée de 99 pieds sous clef de voûte, et par la prodigieuse largeur des galeries, qui, régnant au-dessus des bas-côtés dans le pourtour de la nef, forment comme une seconde église. Le vainqueur de Bouvines, Philippe-Auguste, fut abbé de cette église, que desservaient dans l'origine les chanoines de l'abbaye Saint-Victor. La tour de Saint-Maclou, dont l'église n'existe plus, a été conservée comme un beau reste d'antiquité. Son architecture est bien supérieure à celle des tours de l'église. Les habitants ne s'arrêtent pas sans quelque émotion devant ce vieux monument, témoin mutilé des combats que leurs ancêtres ont livrés pour sauver leurs libertés.

De Mantes à Rosny, il n'y a qu'un pas, pour le chemin de fer. Le plus digne ami de Henri *le Grand*, et son serviteur le plus fidèle, M. de Sully, a laissé son souvenir dans ce vieux château, dont il a parlé avec tant de complaisance dans ses Mémoires. En 1529, le château de Rosny fut apporté en dot à Jean de Béthune, par Anne, fille de Hugues, comte de Meulan. La construction en brique et les nobles colonnes qui décorent cette maison, lui donnent toute l'apparence d'un bel édifice du seizième siècle. Il est vaste, solidement bâti, entouré de fossés larges et profonds, et placé au milieu d'un parc que longe la route de Cherbourg. C'est dans ce château que naquit, en 1559, Sully, seigneur de Rosny; c'est là qu'il vint se reposer de ses fatigues de la bataille d'Ivry, dans la nuit qui suivit cette journée. Derrière le vil-

Le château de Rosny.

lage se trouve l'entrée d'une forêt de 4,000 arpents, dans laquelle il fit exécuter une coupe de 100,000 livres, somme alors considérable, pour aider son maître dans les dépenses de la guerre. Rosny était naguère la maison de plaisance de madame la duchesse de Berry, qui l'avait acquise de M. Archambault de Périgord. C'était le séjour qu'elle préférait à tous les autres, et elle n'épargna ni soins ni dépenses pour l'embellir. Dans la chambre de Sully, on avait établi un cabinet d'histoire naturelle, remarquable par le choix des oiseaux. On conservera longtemps le souvenir des fêtes brillantes que donna la bonne princesse dans le manoir héréditaire de la famille de Sully.

Le village de *Rolleboise* est digne de toute l'attention du voyageur : les ingénieurs du chemin de fer ont rencontré, à Rolleboise, un obstacle qui paraissait invincible, mais l'empereur Napoléon l'a dit, depuis longtemps le mot *impossible* n'est pas français.

Rolleboise.

Le tunnel de Rolleboise a 2,646 mètres de longueur. La montagne est élevée de 70 à 80 mètres, au-dessus du tunnel. 800 mètres ont été taillés dans le roc vif, et n'ont pas exigé de revêtement intérieur. Malgré un travail acharné du jour et de la nuit, on n'avançait souvent que de quelques mètres par jour. Il a fallu dépenser 425,000 livres de poudre ; vingt mois ont été nécessaires à l'achèvement de cet ouvrage.

Dans ce village escarpé, vous trouverez une ruine illustre : cette tour, reprise par les gens de Rouen, de hardis bourgeois qui étaient des soldats toujours, et qui étaient des héros quand Du Guesclin marchait à leur tête. Dans cet abîme, le convoi plonge, et se précipite tout d'une haleine; en moins de quatre minutes, ces ténèbres sont franchies, et vous revoyez la verdure et le ciel.

Après Bonnières, *Pont-Villez*, la limite fleurie du département de Seine-et-Oise. Quel dommage cependant que le temps nous manque pour visiter *la Roche-Guyon*, cet antique château d'une origine toute

La Roche-Guyon.

normande! Dans les guerres malheureuses de l'Angleterre et de la France, une femme, la veuve de Guy VI, sire de la Roche-Guyon, tué à la bataille d'Azincourt, aima mieux perdre ses domaines que de rendre la forteresse aux Anglais. C'est à la Roche-Guyon que périt, d'un coup si peu digne de lui, le vainqueur de Cerisoles, François de Bourbon, comte d'Enghien, la tête écrasée par un coffre.

Les seules constructions remarquables qui aient résisté au temps et aux désastres de la guerre dont la Roche-Guyon fut souvent le théâtre, sont une chapelle, sépulture de famille, pratiquée dans le roc, à une très-grande élévation, et une tour à double enceinte; fièrement placée sur un roc inaccessible, la tour domine toute la contrée et communique au château par un long escalier, creusé dans la montagne. Le château de la Roche-Guyon a été agrandi et embelli par plusieurs membres de la famille de la Rochefoucauld. On y voit, dans la chambre de Henri IV, le lit, les rideaux, l'ameublement, le portrait original, le fauteuil, vieux meubles, glorieux d'avoir servi au *Béarnais.*

On vient d'achever à la Roche-Guyon un beau pont suspendu de 200 mètres d'ouverture et d'une seule travée, ce qui est un tour de force tout simplement.

A l'entrée de Vernon se trouve un remblai de 100,000 mètres cubes de terre. Un troisième pont, en biais, traverse cet ouvrage.

Machines à remblayer.

Vernon.

VERNON. — LE CHATEAU DE BIZY. — SAINT-JUSTE. — COURCELLES. — SAINT-PIERRE-GAILLON. — LES ANDELYS. — TUNNEL DU ROULE.

Vernon. — La fondation de cette ville remonte au onzième siècle : ce n'était alors qu'un château fort sous le nom de *Vernonium-Castrum*, destiné à défendre cette partie de la Normandie du côté de la France. Elle fut agrandie et fortifiée, en 1123, par Henri Ier d'Angleterre, qui fit élever la grande tour, dans laquelle se réfugia, en 1198, Philippe-Auguste, battu par Richard Cœur-de-Lion. En 1151, Vernon appartenait à Geoffroy Plantagenet, comte d'Anjou. Après en avoir été dépossédé par Louis VIII, il en fut définitivement privé par ce prince, qui la livra aux flammes, en punition d'un attentat commis sur le chemin royal, par le fils du comte, contre des marchands. Vernon, après avoir passé dans les mains du duc de Normandie, fut cédé à Louis, fils de Philippe-Auguste, qui le réunit à la couronne.

Vernon conserve les traces de ses anciennes fortifications; on y voit encore une énorme tour servant de dépôt aux archives communales. La ville est agréablement située.

A *Vernon*, tient le *Veronnet;* ce n'est pas, comme on l'a dit, la patrie de mademoiselle Anne de la Vigne, qui est née à Paris en 1634; mais c'est la patrie de son père, Michel de la Vigne, le médecin favori du roi Louis XIII. Il était fier à bon droit de sa fille, et il disait : « Quand « j'ai fait ma fille, je pensais faire mon fils. »

Vous remarquerez l'avenue du château de *Bizy;* c'était un des plus

Le château de Bizy.

beaux châteaux de Normandie, et encore aujourd'hui Bizy est un des plus riches domaines du roi Louis-Philippe Ier. — Bizy eut pour maîtres et seigneurs les comtes d'Eu, le duc de Penthièvre, un des généraux de l'empereur, et enfin madame la duchesse douairière d'Orléans; c'est sur les ruines de cette maison où le vieux duc de Penthièvre attendait, mais en vain, la jeune princesse de Lamballe, massacrée par les égorgeurs de septembre, que Madame la duchesse d'Orléans avait fait construire une maison, pour y passer les beaux jours de l'été.

Saint-Just était un ancien hôpital, fondé par M. le duc de Penthièvre, car c'était une habitude de ce noble prince de placer toujours, à côté d'un château à lui, un hôpital pour les pauvres.

Saint-Pierre d'Autils n'est là que pour mémoire. — ***Pressagny.*** Pressagny s'appelle Pressagny-l'*Orgueilleux;* c'est tout ce qu'on peut dire, et il n'y a pas de quoi être si fier. Dans l'église de ***Port-Mort*** a été consacré, le 25 mai de l'an 1200, le mariage de Blanche de Castille et de Louis VIII, fils de Philippe-Auguste.

Tout en face le village de *Courcelles* se rencontre la station importante de Gaillon. C'est un point de départ qui conduit à la ville d'Évreux, au château de Navarre, l'ancien séjour des ducs de Bouillon et de l'impératrice Joséphine, au château de Grisolles, à Auteuil, à Jeufosse; sur le côté, votre regard charmé s'arrête sur les calmes et magnifiques hauteurs de l'élégant château des Rotoirs.

Un peu plus loin, vers le nord-ouest, sur cette route escarpée, remarquez ce sombre et menaçant édifice, sans forme, sans grâce, immense, écrasé, hideux. Hélas! c'est tout ce qui reste de la plus ravissante création du cardinal d'Amboise, son œuvre italienne, le château de Gaillon, pour tout dire. Oui! cet admirable point de vue, un des plus beaux de la Normandie; cette maison aimée de François Ier, le roi du seizième siècle; ces beaux arbres, sous lesquels tant de savants et tant de saints évêques promenaient leurs studieux loisirs, Gaillon n'est plus qu'une prison formidable. Vous pouvez admirer la façade de ce château déshonoré, dans la cour de l'école des Beaux-Arts, à Paris, dont il fait le plus bel ornement. Tristes contrastes, dites-vous: une prison au milieu d'un si beau domaine; ces murailles nues, au milieu de tant de maisons opulentes que la Seine salue en passant! Mais quoi! le paysage, comme la poésie, vit de contrastes.

Sur la rive droite de la Seine, et près des Andelys, s'élèvent, au sommet des coteaux qui bordent la vallée, les ruines du *château Gaillard.*

Célèbre dans les fastes du pays par les combats livrés au pied de ses murailles qui étaient imprenables, et par les attentats commis dans ses

Le château Gaillard.

sombres cachots, le château Gaillard fut élevé par Richard Cœur-de-Lion, pour commander la navigation de la Seine, et pour défendre contre la France, la Normandie, qui obéissait au roi Richard.

Précaution inutile! Quelques années après, Jean *Sans-Terre* laissait échapper la Normandie de ses mains avilies, et Philippe-Auguste plantait sa bannière sur les murs du château Gaillard.

Les rois de France en firent une sorte de prison politique qui fut le théâtre de plus d'un drame sinistre. Au château Gaillard fut étranglée Marguerite de Bourgogne, l'affreuse, la célèbre Marguerite de la tour de Nesle; avec ses crimes et ses malheurs, sans parler de sa couronne de reine, cette Marguerite n'avait pu se faire qu'une demi-popularité, et tout à coup elle s'est trouvée grandie, un beau jour, sur un théâtre des boulevards, à la taille des plus hautes renommées. Là aussi fut enfermé Charles de Melun, l'infortunée victime de La Balue, l'épais et haineux cardinal, qui le récompensa, par d'atroces tortures, de l'avoir protégé à ses débuts.

Des hauteurs du château Gaillard, la vue s'étend, à droite, sur les riches campagnes qu'arrosent les petites rivières de Muchegros et le Gambon, dont les eaux rapides viennent se mêler aux eaux de la Seine.

Les maisons du Petit-Andelys bordent la Seine, en amont de l'embouchure du Gambon, et le Grand-Andelys, chef-lieu de l'arrondissement et du canton auxquels on a donné son nom, n'est éloigné que de 1,100 mètres de cette dernière ville, autrefois *Andelicum;* c'est la plus ancienne des deux Andelys; elle doit son origine à un monastère fondé par la reine Clotilde, auquel vinrent se rattacher, successivement, des habitations qui formèrent plus tard une bourgade importante. On y construisit, au treizième siècle, un château fort, qui servit de refuge à Louis VII après la bataille de Brimerville. En 1170, le bourg fut détruit entièrement par les Anglais; sa position militaire en fit souvent un obje de dispute entre les deux nations.

Aux Andelys mourut, l'an de grâce 1592, Antoine de Bourbon, roi de Navarre, père de Henri IV, blessé au siége de Rouen. Sa blessure et le vin qu'il avait bu, emportèrent ce brave soldat, père d'un héros.

Le grand peintre qu'on a surnommé le Raphaël français, Nicolas Poussin, mort à Rouen en 1654, était né près des Andelys en 1594, dans le hameau de Villers. Une maison de chétive apparence mérite, aux Andelys, l'attention des voyageurs, pour avoir été habitée par Thomas Corneille. Le célèbre aéronaute Blanchard, et Brunel, le savant ingénieur, le hardi constructeur du tunnel sous la Tamise, sont nés aux Andelys.

Le tunnel du Roule ou de Villers, qui n'a pas moins de 1,720 mètres, a été achevé en dix-sept mois.

Au sortir de ce passage formidable, le chemin de fer reprend sa course en suivant le penchant des coteaux qui bordent la Seine. A *Saint-Pierre de Vauvray*, le chemin est en remblai, jusqu'au parc de Praslin ; là il traverse la vaste plaine de Léry sur un remblai qui le met à l'abri des inondations. Au *Manoir*, il franchit la Seine sur un pont de six arches, de 30 mètres. La construction de ce pont et celle du pont d'Oissel ont donné de grandes peines ; la sécheresse de la saison avait rendu impossible l'extraction de la pierre ; peu de semaines avant l'inauguration du chemin, deux des piles étaient encore à fleur d'eau.

Ainsi vous arrivez à *Pont-de-l'Arche*. La Seine se sent déjà entraînée par la mer ; la marée se fait sentir, déjà sur cette rive, si belle et si calme. C'en est fait, la noble rivière comprend qu'elle va quitter la terre de France et ne plus s'appeler que l'Océan.

Sortie du Tunnel.

Pont-de-l'Arche.

PONT-DE-L'ARCHE. — ELBEUF. — OISSEL.

La ville de *Pont-de-l'Arche* est située sur la Seine, que l'on traverse sur un pont de vingt deux arches, un peu au-dessus du confluent de l'Eure; ce pont franchit à la fois trois bras de la Seine.

Pont-de-l'Arche doit son origine à Charles le Chauve, qui le fit bâtir en 854. Ce fut, dans la suite, une place importante, entourée de murs flanqués de tours, environnée de fossés et défendue par un château fort, bâti sur l'autre rive de la Seine. Charles le Chauve y fit construire un palais où il convoqua deux conciles en 862 et 864. Cette ville est la première de toutes les villes de France qui se soumit à Henri IV, sans attendre que le panache blanc eût conquis la France. Pont-de-l'Arche avait deviné le bon roi.

On y remarque une jolie église gothique dont les vitraux, du quatorzième siècle, représentent les manœuvres que les mariniers faisaient alors pour monter en bateau; une agréable promenade s'élève sur l'emplacement des anciens remparts.

Après Pont-de-l'Arche arrive la station de *Tourville*. Le tunnel de Tourville est long de 440 mètres; puis vient un remblai de 104,000 mètres cubes, qui conduit jusqu'au premier pont d'Oissel, de cinq arches de 30 mètres.

Avant de franchir le pont d'Oissel, jetez un coup d'œil sur la *ville d'Elbeuf*. L'origine de cette ville est peu connue; on sait seulement qu'elle faisait partie de la baronnie de *Harcourt*, et qu'elle était déjà considérable en 1358, lorsqu'elle fut érigée en comté. L'établissement des manufactures d'Elbeuf remonte à une époque fort éloignée; ce fut seulement sous le ministère de Colbert qu'elles commencèrent à prendre un grand développement, suspendu bientôt par la révocation de l'édit de Nantes. Ce noble travail de toute une population recommença de plus belle, dans les premières années de la révolution française; mais c'est surtout depuis la séparation de la Belgique et de la France que les manufactures d'Elbeuf ont reçu un accroissement immense. Il n'y aurait peut-être pas d'exagération à dire que leurs produits ont triplé à dater de cette époque. Aujourd'hui, ces manufactures occupent plus des deux tiers de la population, et deux mille habitants des villages voisins.

Elbeuf est une ville agréablement située, dans une riche vallée, bordée au nord par la Seine, et au midi par une chaîne de montagnes verdoyantes que couronne une belle et vaste forêt, dont la limite sépare, ainsi que la forêt de la Londe, à laquelle elle se lie, le département de l'Eure et le département de la Seine-Inférieure.

Elbeuf a deux églises, Saint-Étienne et Saint-Jean-Baptiste. — La première se compose d'un chœur, d'une nef et de deux collatéraux; les

Elbeuf.

piliers de séparation sont de forme octogone et surmontés d'une couronne ducale; la voûte du chœur est chargée de peintures remarquables; les vitraux de cette église sont admirables; l'église remonte au delà du douzième siècle. C'est ainsi qu'au milieu de cette immense fabrique que l'on appelle la ville d'Elbeuf, dans ce pêle-mêle animé et bruyant de filatures, de lavoirs à laines, de teinturiers, de tanneurs, de moulins à foulon, quelque peu d'art et de goût se rencontrent, grâce aux églises de Saint-Étienne et de Saint-Jean-Baptiste d'Elbeuf. — Un pont suspendu réunit la ville à l'autre rive.

D'*Oissel* à Rouen, la Seine est parsemée d'îles riantes, véritables forêts de peupliers et de saules ; la plus importante est l'île d'Oissel. Ce point vert qui fuit presque inaperçu derrière vous, fut autrefois la

Oissel.

terreur de toute la contrée. Ce fut en ce lieu que les Normands du neuvième siècle, du temps qu'ils n'étaient encore que de hardis pirates, établirent un camp fortifié; au pied de cette forteresse s'amarraient les grandes barques d'osier qui avaient amené ces hardis pirates à travers l'Océan. De ce rivage, comme d'une tanière, s'élançaient ces bandes sauvages, dont les exploits tiennent tant de place dans les horribles chroniques de cette époque désolée.

Au milieu de la large plaine qui s'étend d'Oissel à Rouen, vous rencontrez *Saint-Étienne-de-Rouvray;* Saint-Étienne doit son nom à la vaste forêt de Rouvray, à laquelle se rattachent les forêts d'Elbeuf et de la Londe, qui couronnent le sommet des collines que longe la Seine, entre Elbeuf et la Bouille. Dans cette forêt, Guillaume le Conquérant se livrait au plaisir de la chasse quand il apprit la mort du roi Édouard, et qu'Harold venait de se faire couronner roi d'Angleterre. — En ce moment et à cette même place, Guillaume duc de Normandie arrêta dans sa pensée immuable que Guillaume *le Bâtard* s'appellerait bientôt Guillaume *le Conquérant.*

Voici Rouen ! la ville aux imposants souvenirs ! Certes, celui qui, au milieu de la Seine, porté sur le bateau à vapeur, a salué d'un regard Rouen, la vieille capitale de la Normandie ; celui qui, pour la première fois, a pu admirer cette masse imposante des plus nobles et des plus vieilles pierres de France, celui qui s'est rappelé, d'un coup d'œil ébloui, cette histoire, ou pour mieux dire ce poëme de la Normandie, depuis les temps fabuleux de Guillaume *le Bâtard,* jusqu'aux batailles du roi Louis XI, jusqu'aux victoires du roi Henri IV, celui-là seul peut dire quel est l'effet tout-puissant de cette ville, placée là pour donner la vie, le mouvement, l'unité à cette noble province. Mais cependant faites que la ville tout entière sorte de ses murs, pour mieux vous recevoir; attirez-la dans ce vaste emplacement qui suffirait à contenir tous ses monuments, toutes ses rues, tous ses marchés, et même sa cathédrale et les tombeaux de ses ducs; faites que cette garde nationale de Rouen, née en juillet, couronne toutes ces hauteurs ; appelez à vous, dans l'appareil et sous les bannières de leur noble métier, de leur industrie, de leurs beaux-arts, tous les citoyens de cette ville, intelligente entre toutes; faites que de loin le grand Corneille vous apparaisse debout sur un piédestal; que les cloches sonnent à toutes volées ; que le canon fasse retentir sa voix puissante ; amenez à cette fête les magistrats de la cité, dignes héritiers de ces magistrats célèbres dont la jurisprudence a été si longtemps la loi suprême ; que cette noble cour ait à sa tête un homme aimé, honoré, bienveillant, éloquent ([1]); demandez, pour toutes ces forces réunies, la bénédiction et les prières de ce prince de l'Église ([2]) et de cet admirable clergé normand, courageux et dévoué, les dignes successeurs de ces nobles prêtres qui osèrent résister à la Sorbonne, et même à la cour de Rome, quand la Sorbonne et la cour de Rome furent d'avis que Jeanne d'Arc était hérétique; appelez à vous, en même temps, les plus belles personnes du pays de Caux, l'orgueil des fermes de la Normandie, et tous les laboureurs normands, le bon sens et la prudence en personne, et les marins de la rivière de Seine, dont les aïeux, même avant Christophe Colomb, ont pressenti le nouveau monde; oui, certes, attirez dans ces vastes prairies cette noble et utile foule; ajoutez-y les plus beaux cavaliers, les plus fiers soldats de l'armée; en même temps, que le maire et les magistrats de la cité offrent à tous l'hospitalité royale de la ville; et enfin, faites que les nouveaux débarqués de Paris, le prince ([3]) qui est à leur tête, les trois ministres, la chambre des députés, la chambre des pairs, l'Institut, les belles-lettres, les beaux-arts, fraternisent avec leurs frères de la Normandie; que les Anglais et les Français, dans le commun élan de ce patriotisme européen qui vient d'enfanter une œuvre si grande, rompent le même pain et boivent dans le même verre, et vous aurez encore une faible idée du grand spectacle que cette voûte sous laquelle s'arrête la locomotive encore haletante, offrait le jour où, pour la première fois, elle reçut ses hôtes de Paris. A nous le chemin de fer de Paris à Rouen! — aux Anglais le tunnel sous la Tamise! Les deux nations ont fait là, chacune de son côté, un beau, glorieux et bon marché.

Il nous était impossible, avant de pénétrer dans la noble cité qui est le but de ce grand voyage, de ne pas rappeler, en peu de mots, la façon

1. M. Franck-Carré, premier président de la Cour royale.

2. M. le prince de Croï, mort le premier jour de l'inauguration solennelle.

3. S. A. R. Mgr. le duc de Nemours.

hospitalière dont elle a célébré cette grande révolution dans les destinées présentes et dans les destinées à venir, avec ce bon sens et cette prévoyance qui ont joué un si grand rôle dans le passé de la Normandie. La ville de Rouen, pour mieux célébrer les merveilles des temps écoulés, évoquait devant elle tous les héros de l'histoire d'autrefois, car dans les plaines verdoyantes qui entourent Sotteville, le dernier village de notre itinéraire, sur les ving-cinq bannières déployées et portées d'une main ferme, vous pouviez lire tous les grands noms de la cité, tous ceux qui l'ont servie, tous ceux qui l'ont aimée, les soldats qui lui ont prêté leur épée, les poëtes qui l'ont abritée sous leur génie; les artisans pour leur intelligence, les hommes d'État pour leur dévouement. La gloire de la vieille cité normande était ainsi portée en triomphe sur ces nobles bannières, brillantes de tout l'enthousiasme et de tous les feux du jour.

Sotteville. — Inauguration du Chemin de fer. — Revue de la garde nationale.

Débarcadère de Rouen, le jour de l'inauguration, 3 mai 1843.

ROUEN.

SON HISTOIRE. — SES MONUMENTS. — SON INDUSTRIE. — SON COMMERCE. — SES GRANDS HOMMES.

Mais vous avez mis pied à terre. Ici, vous redevenez un voyageur vulgaire, et bien vous en prend. Vous pouvez regarder à loisir, et promener tranquillement vos souvenirs, entraînés tout à l'heure, sans trêve ni relâche, sur les pentes de cet impitoyable coursier qui s'appelle la vapeur. La terre que vous foulez est une terre historique, s'il en fut. Avant d'être un chef-lieu de département, et bientôt un faubourg de Paris, cette ville de Rouen a été la capitale d'une grande province, pour ne pas dire d'un vrai royaume; elle a été l'un des centres les plus importants et les plus actifs de la vieille France. A son nom se rattachent presque tous les grands événements qui ont ébranlé le sol de cette contrée.

Si nous remontons à l'origine des temps, nous la trouvons sous un nom que cherchent encore les étymologistes, capitale de la tribu des Vélocasses, et de ceux-là, que reste-t-il, je vous prie, dans la vieille cité gauloise, si glorieusement transformée? Puis vinrent les Romains, qui enveloppèrent la ville dans le vaste réseau, étendu par eux sur l'univers, mais sans qu'elle déchût de sa position première. Ils en firent la capitale de la *deuxième Lyonnaise*, une vaste province qui, de la mer, allait, bien avant dans le centre du pays. Rouen s'appelait alors *Rothomagus*, et les géographes de l'époque impériale n'ont eu garde de passer ce nom sous ce silence. Après les Romains, les Francs, dont la domination brutale nous jette en passant le souvenir du crime qui frappa au milieu de ses ouailles, Prétextat, l'évêque de Rouen, l'imprudent ennemi de Frédégonde. Alors *la Lyonnaise* est devenue *Neustrie*, et dans la grande débâcle de l'empire carlovingien apparaissent tout à coup, derrière les îles qui nous bordent là-bas l'horizon, des embarcations inconnues et bizarres, glissant comme des serpents sur les eaux du fleuve étonné... ce sont les Normands qui arrivent, la hache et la torche à la main. Mais les hommes du nord se lassent à la fin de détruire. Quand, sur ce pays, battu en tous sens par les rois de la mer, il ne reste rien à prendre que le sol, ils s'en emparent. Aux dernières lueurs de l'incendie qui s'éteint dans les campagnes, Rollon entre en pourparler avec le clergé de Rouen, qui lui ouvre les portes de la ville, et aussitôt tout change d'aspect. Cette proie devenue leur chose, les Normands la font grande, et riche, et puissante, et parée; ils y commencent leur réputation de merveilleux *bâtisseurs* dont vous jugerez bientôt, et leur vaillante main la défend hardiment contre tout venant. On vous montrera, ici même, une place qui a nom la *Rouge-Mare*. C'est un duc de Normandie, Richard *Sans-Peur*, qui l'a baptisée avec le sang des Allemands, des Flamands et des Français, venus tous ensemble pour lui disputer sa ville. Puis, ces terribles ducs s'en vont, un beau jour, *gaaigner* l'Angleterre, et, en partant, ils promettent à Rouen leur capitale, qu'ils vont la mettre à la tête d'un grand empire. Seulement, quand l'Angleterre est conquise il arrive qu'elle absorbe à son profit le pays des conquérants. Bientôt la Normandie n'est plus qu'une province anglaise; les rois de Londres la jettent, comme un os à ronger, à leurs puînés, qui se l'arrachent, se la vendent, se la volent, et pendant que cette race fougueuse et prodigue des Plantagenets s'en va gaspillant, au hasard, sa fortune et son honneur, la royauté capétienne est à quelques lieues, qui attend, habile et patiente, le moment de regagner le terrain perdu.

Enfin, Rouen, lassé du joug d'outre-mer, se rappelle qu'il a fait autrefois partie de la grande famille gauloise, et la ville ouvre ses portes à Philippe-Auguste. Vous dire toutes les aventures, toutes les luttes, toutes les souffrances, tous les exploits de la *bonne ville*, une fois rentrée au giron de la patrie commune, dépasserait les bornes d'une causerie. Il faudrait un livre, et nous n'avons qu'un coup d'œil à jeter sur la ville et sur son histoire, pendant que là-bas, à l'extrémité du quai, le bateau à vapeur chauffe ses chaudières, et lance déjà dans les airs sa noire colonne de fumée, qui s'élève en épais tourbillons, par-dessus les mâts légers des sloops et des goëlettes.

L'histoire de Rouen, vous la rencontrez à chaque pas que vous faites dans ses rues. — Cette lourde construction jetée comme un pont massif, en travers de la rue de la *Grosse-Horloge*, c'est la vieille tour du beffroi. Que de fois partit de ce beffroi le signal qui appelait aux armes les hommes de la commune, toujours prêts à coiffer le pot de fer et à marcher, la pique au poing, contre quiconque porte la main sur leurs priviléges, contre monseigneur l'évêque, contre l'abbé de Saint-Ouen, contre leurs voisins, les sires de Blosseville, de Canteleu, du Mesnil-Raoul, voire contre les gens du roi ! — Rouen a bravement tenu son rang dans la grande bataille des communes, aux quatorzième et quinzième siècles, et son drapier Legros, qu'il nomma roi, dans un jour d'effervescence populaire, est resté dans l'histoire comme une des plus hardies impertinences de ces temps de révoltes bourgeoises et d'émancipation prématurée.

Aujourd'hui, les bataillons de cette fière et belliqueuse milice communale se sont pacifiquement transformés en légions de gardes nationaux, et le vieux beffroi, baptisé par le peuple du nom gracieux de *cloche d'argent*, ne le rassemble désormais, au bruit de ses sonores volées, que contre le seul ennemi qui lui reste, le feu. Je me trompe ; chaque soir encore, le beffroi sonne le *couvre-feu*, dernier souvenir des tyrannies féodales, conservé on ne sait comment comme une superstition inoffensive des temps passés. Mais sa voix, si redoutée jadis, est la bienvenue au milieu des veillées : elle apprend au travailleur désheuré qu'il est neuf heures. Les débris de fortifications que vous verrez aux environs des boulevards, ici une tour ronde laissée debout, par hasard, là un pan de mur crevassé dont l'aspect jure avec le plâtre des maisons voisines, ces pierres moussues et abandonnées ont été les témoins des combats soutenus autrefois contre l'Anglais, quand il voulut reconquérir sa chère province. Elles pourraient vous raconter la sanglante promenade d'Édouard III, descendant paresseusement la Seine dans ses bateaux de cuir, pendant que ses Irlandais et ses Gallois brûlaient, pillaient et tuaient, sur les deux rives ; les fureurs des Armagnacs et des Bourguignons, et l'intrépidité romaine de cet héroïque Alain Blanchard, qui répondait aux bourreaux de Henri V, dont la main s'avançait pour recevoir une rançon : « Je n'ai pas de bien, je ne puis me racheter ; mais j'en aurais, que je ne l'emploierais pas à empêcher un Anglais de se déshonorer. » Tout à l'heure, quand vous arriverez au *Vieux-Marché*, surgira, du milieu de ces ignobles échoppes de revendeuses de poisson, la grande et sainte figure de Jeanne d'Arc, cette noble jeune fille qui vint expier, à Rouen, le crime d'avoir sauvé la France.

Vous apercevez d'ici une ruine rougeâtre sur le sommet de la montagne Sainte-Catherine, cette côte gigantesque qui s'élève à pic en face de vous, de l'autre côté du fleuve... c'est tout ce qui reste du formidable bastion au pied duquel le roi de Navarre trouva la mort en combattant, à la suite de François de Guise, contre ses anciens frères, les protestants. Les façades mutilées de la cathédrale, de Saint-Ouen, de Saint-Maclou, de toutes les églises de Rouen, vous parleront, à leur tour, du passage des protestants. Plus loin, sur la côte de Darnetal, s'élève la tour de Carville, où se posta le Béarnais quand il vint redemander sa ville aux ligueurs, maîtres de la place. Le palais de justice, cette merveille de pierre, vous racontera les séances importantes de ce fameux *échiquier* de Normandie, père de ce parlement Normand, qui abrita à travers les époques les plus soumises de l'impérieuse royauté de Louis XIV, les vieux priviléges de la province, et les traditions vénérées du *coutumier* de Normandie. Il n'est pas jusqu'à la révolution de 1793 qui n'ait attaché, elle aussi, son souvenir aux murailles de la cité, souvenir de destruction, comme vous pensez bien : vous le retrouverez en passant devant les porches mutilés de Saint-Maur, de Saint-Martin-sur-Renelle, de Saint-Étienne-des-Tonneliers, dont elle avait fait des ateliers ou des magasins, et qui ont perdu, pour toujours, leur destination première.

Rouen a été bâti sur la rive droite de la Seine, au fond d'une vallée ouverte vers le sud ; autour de cette vallée règne, de l'est à l'ouest, une chaîne de montagnes élevées qui coupent, aux deux extrémités, les vallons étroits de Déville et de Darnétal. De ses épaisses murailles, de ses fossés profonds, des tourelles, des bastions, des casemates, des portes doublées de fer, qui en faisaient autrefois une des places les plus fortes de la France du moyen âge, il ne lui reste, à cette heure, qu'une vaste ceinture de boulevards, plantés de 1770 à 1780. Avec la ligne des quais qu'ils rejoignent à ses deux extrémités, ces boulevards enferment la ville dans une sorte de demi-cercle, d'une lieue et demie

Outhwaite sculp

ROUEN

(vue de la Côte Ste Catherine)

environ, qui la sépare à l'est, du côté de Paris, des faubourgs de Martainville et de Saint-Hilaire; au nord, des faubourgs de Beauvoisine et de Bouvreuil; et à l'ouest, du faubourg de Cauchoise. Toute cette ville s'en va en montant des bords de la Seine, aux pentes assez rapides, sur lesquelles sont construits ses faubourgs. Au centre du demi-cercle, une rue de 1,300 mètres, sous les trois noms de rue *Grand-Pont*, des *Carmes* et *Beauvoisine*, va de la corde de l'arc à son extrémité, et coupe Rouen en deux parties, dans toute sa longueur.

Là, vous retrouverez quelque chose de la vie bruyante et remuante des rues de Paris; là, s'est refugié le luxe des boutiques, et tout ce commerce de coup d'œil et de fantaisie, créé pour la plus grande satisfaction du flâneur. Or, le Rouennais flâne peu; à peine le soir venu, vous le verrez promener ses maigres loisirs, sur cette imperceptible promenade qui commence le long du quai, au pied de la rue du Grand-Pont, et finit quelques pas plus loin, à la statue de Boïeldieu, son illustre musicien. Rouen possède, il est vrai, sur l'autre rive de la Seine, à l'endroit même où vous a déposé le chemin de fer, une magnifique promenade que lui envierait Paris, *le Cours-la-Reine* ou *Grand-Cours*, avenue grandiose de 674 toises de long, plantée au dix-septième siècle, sur les terrains de l'ancien prieuré de Grammont, une fondation du roi anglais Henri II. Mais en vain le Cours-la-Reine appelle les promeneurs, de toute la majesté de ses quatre rangées de vieux ormes qui vont courant le long du bord de l'eau, de toute la beauté du merveilleux aspect qu'offrent à l'œil ravi, les îles fleuries de la Seine et les vertes hauteurs qui couronnent la rive opposée; il faudrait dix minutes pour aller le chercher, dix minutes ravies aux détails du comptoir, aux calculs du grand-livre! Mieux valent encore les petits arbres enfumés par le gaz, et le trottoir microscopique du Cours-Boïeldieu.

A ces causes, le Cours-la-Reine est abandonné au petit peuple, qui, aux jours de repos, y descend par bandes endimanchées, pour aller gagner les joyeuses guinguettes de Sotteville.

Les dernières maisons de Sotteville touchent au faubourg Saint-Sever, qui couvre la rive gauche. Derrière ce nom modeste de faubourg, il y a toute une ville, et plus grande, plus peuplée et plus vivante que ne le sont beaucoup de villes de France. Sur 92,083 habitants que donne le dernier recensement de Rouen, Saint-Sever en revendique une vingtaine de mille pour sa part. C'est tout un monde de fabriques et d'usines, qui s'éparpillent au loin dans la campagne, et dont les hautes cheminées s'élançant de toutes parts, du milieu des arbres, donnent au paysage un aspect original et pittoresque.

Voici plus loin les deux routes d'Elbeuf et de Caen. Saint-Sever possède un des plus beaux hospices d'aliénés qu'il y ait en France, la vaste maison de Saint-Yon, fondée en 1758 par la confrérie du même nom. Tout à côté est la place Bonne-Nouvelle, ouverte derrière les maisons du faubourg, à l'entrée des prairies du Petit-Quevilly. Cherchez bien, sur cette place toute riante et champêtre, et dont pourtant le nom n'arrive guère à la bouche du Rouennais qu'encadré dans quelque proverbe sinistre; à l'un des coins vous trouverez quatre pierres plantées en carré dans le sol; ce sont les assises de l'échafaud. A deux pas de cette place fatale, est l'ancien prieuré de Bonne-Nouvelle, fondé par Guillaume le Conquérant.

Pour tout dire, à chaque pas vous marcherez sur les ruines d'une église ou d'un couvent. De ce couvent on a fait une caserne de cavalerie où, faute de chevaux, on loge, en attendant une décision ministérielle, quelques compagnies d'infanterie qui tiennent au large dans un coin du vieux cloître. Saint-Sever possède une autre caserne qui pourrait contenir 1,100 hommes; elle s'élève au bord de l'eau, sur l'emplacement d'une immense grenier à sel, construit au commencement du siècle passé, et qui n'avait pas moins de 62 toises de long sur 25 de large, et 42 pieds de hauteur. Malheureusement la gabelle avait mal choisi l'architecte. A peine achevé, son colossal grenier s'abattit.

Saint-Sever communiquait autrefois avec le reste de la ville par un pont en bateaux, l'admiration des habitants, qui le citaient avec orgueil comme une des merveilles de Rouen. C'était une espèce de machine flottante, soutenue dans une longueur de 270 pas, sur 15 bateaux de front, qui haussaient et baissaient au gré du flux et du reflux. Les deux côtés à droite et à gauche, qui tenaient lieu de parapets, étaient élevés en forme de banquettes, et servaient pour les gens de pied; le milieu était pavé, et destiné pour les chevaux et les voitures. On démontait ce pont avec facilité, lorsque les glaces étaient à craindre, ou bien pour donner un passage aux bateaux qui remontaient à Paris ; il se repliait sur lui-même au moyen de roulettes de fer que faisaient jouer des poulies de cuivre ; six hommes avec un cabestan l'ouvraient et le fermaient sans peine. L'entretien du pont s'élevait, année commune, à 50,000 fr., déduction faite des 20,000 fr. que coûtait chaque bateau à remplacer.

Aujourd'hui, le pont de bateaux a disparu comme une machine passée de mode ; deux piles en bois, que recouvrent à peine les plus hautes marées, et sur lesquelles s'amarrent les chalands, montrent au milieu de l'eau, la place où l'on traversait la Seine. Maintenant vous traversez la ville de plain-pied sur deux ponts magnifiques, de construction moderne ; le pont de pierre a été jeté par l'empereur Napoléon, vis-à-vis de la rue Malpalu, en travers de l'île Lacroix, dont il coupe la partie occidentale. On ne saurait mieux le comparer qu'au Pont-Neuf de Paris, dont il a les dimensions et l'aspect.

Pour achever la ressemblance, à la pointe même de l'île, sur une esplanade pareille à celle qui supporte notre statue de Henri IV, s'élève la statue en bronze de Pierre Corneille, l'imposante gloire de Rouen, le précieux fleuron de sa couronne poétique. Cette statue est l'œuvre du statuaire David, et rien qu'à voir cette pose un peu théâtrale, et tout ce luxe de draperies jetées au vent, on regrette de ne pas trouver tout à fait le bonhomme Corneille.

Le pont de fer qui étend sur la Seine, entre la rue Saint-Sever et la rue Grand-Pont, ses longs cordages de fer, soutenus au centre par quatre gigantesques colonnes de fonte, est une des plus belles constructons de ce genre que nous ayons en France. Il se rétrécit dans l'entre-deux des colonnes, pour former un léger pont-levis qui livre passage aux navires. Le pont de fer a élevé, pour les habitants de cette ville, à la hauteur d'un véritable signe représentatif, le *centime*, prix modeste du péage, qui coûte quatre fois moins cher que le pont des Arts à Paris.

Au pont de fer s'arrête la ligne des navires, qui va se prolongeant sur chaque rive, jusqu'à l'entrée de la route du Havre. Les bâtiments d'un faible tonnage peuvent seuls arriver au port de Rouen, par les difficultés insurmontables qu'offrent les bas-fonds et les sables mouvants de la basse Seine. Au mouvement incessant, à l'activité joyeuse qui règnent sur ces quais, encombrés des produits de tous les pays, on aurait peine à deviner que ce soit là un port mal favorisé par la nature. Bordeaux et la Saintonge y envoient leurs vins et leurs eaux-de vie, dont Rouen est l'entrepôt le plus considérable.

Sur la rive droite, se pressent en file les bateaux sauniers et les charbonniers de Newcastle, dont le déchargement occupe plusieurs centaines de bras, d'un bout à l'autre de l'année. L'Amérique, le Levant, l'Italie, l'Espagne, le Portugal, la Hollande, les nations du Nord, tous nos départements maritimes fournissent leur contingent à ce grand rassemblement. Graines, farines, salaisons, cuirs, drogueries, épiceries, bois de teinture, cotons bruts et filés, chanvres, laines, ardoises, pièces de fonte gigantesques, et métaux de toute espèce, brai, goudron, les draps, les toiles, les rouenneries pour tout dire, enfin l'art normand, s'entassent pêle-mêle sur ces quais immenses.

Cet entrepôt sans fin enrichit la ville, et lui a permis de parer ses quais avec une sorte de coquetterie splendide et grandiose. De l'avenue du Mont-Riboudet au Cours-Dauphin, c'est-à-dire, de la route du Havre à la route de Paris, ces quais offrent dans toute la longueur de la ville, une longue file de bâtiments magnifiques, alignés au cordeau, que dominent la douane et l'hôtel des Consuls.

Un seul pâté d'ignobles masures défigure encore, entre les deux ponts, cette belle perspective, au profit de l'amateur du gothique, dont l'œil contempteur de la pierre fraîchement taillée peut se reposer encore sur du vieux plâtre et des toits en pointe, avec accompagnement de châssis poudreux, de solives vermoulues et autres accessoires des beaux-arts du moyen âge normand.

Les vieilles maisons.

C'est là, du reste, un plaisir dont peut se rassasier à loisir l'amateur de joujoux gothiques, aux premiers pas qu'il hasarde dans l'intérieur de la ville. Rouen était célèbre au vieux temps, par le luxe et l'élégance de ses maisons; les arabesques du *livre des Fontaines*, conservé dans les rayons de la bibliothèque de la ville, pourront vous donner un spécimen de ces mille et une merveilles du temps passé.

Nous l'avouons, à la honte de notre prosaïsme bourgeois, l'admiration, quoi qu'elle fasse, a peine à se prendre aux restes dégradés de ces anciens chefs-d'œuvre. Le temps, cet inexorable démolisseur, a déformé ces hardis pignons, disloqué ces charpentes en saillie, rongé les sculptures délicates des boiseries, pourri les auvents vernissés; la pluie aidant, et c'est un grand hasard, qu'un jour sans pluie à Rouen, le temps a étendu sur toutes ces gracieuses fantaisies, qui étaient l'orgueil et la joie d'un autre âge, une couche verdâtre de moisissure, fort poétique, qui en doute? mais dont l'œil ne peut réellement s'accommoder qu'à grand renfort d'imagination.

Çà et là néanmoins, se rencontrent quelques maisons mieux conservées; par exemple, la vieille maison qui fait le coin de la rue Grand-Pont, à l'entrée de la place de la cathédrale, charmante relique du quinzième siècle, qu'on dirait échappée au ciseau de quelque artiste florentin. Deux maisons entre autres, appellent le voyageur par un autre genre d'intérêt. Sur l'une, située rue des Bons-Enfants, se lit cette inscription : « *Fontenelle* est né dans cette maison le 14 février 1657. » L'autre, qu'il faut aller chercher dans l'humble rue de la Pie, porte, gravés en lettres d'or, au-dessus de sa porte, ces mots magiques : « Ici est né, le 6 juin 1606, PIERRE CORNEILLE. »

Des anciennes habitations de Rouen, il en est une pourtant qui est restée et qui restera longtemps encore un admirable sujet d'études pour l'artiste, aussi bien que pour l'antiquaire. C'est le fameux hôtel du Bourg-Theroude; les bas-reliefs, représentant l'entrevue du camp du Drap-d'Or, entre Henri VIII et François Ier, ont à la fois l'importance d'un monument historique, et la valeur d'une œuvre d'art, exquise dans son ensemble comme dans ses détails. Le Bourg-Theroude est de la fin du quinzième siècle. Entre ces nobles murailles fut logé le comte de

Hôtel du Bourg-Theroude.

Scherosbéry, l'ambassadeur d'Élisabeth d'Angleterre, quand il vint apporter à Henri IV l'ordre de la Jarretière, gage d'alliance intime entre les deux royautés. L'intérieur seul a conservé ses précieux ornements. Au dehors, l'hôtel a le sombre aspect d'une masse noire et nue, sans autre décoration qu'une tourelle à encorbellement; encore élégante dans sa ruine, la tourelle semble suspendue à l'encognure méridionale de la façade.

La façade de l'hôtel du Bourg-Theroude donne sur l'ancien *marché aux veaux*, aujourd'hui *place de la Pucelle*. A cette place funeste où s'élève cette ridicule statue représentant quelque chose d'assez semblable à une nymphe de fontaine mythologique, les Anglais brûlèrent Jeanne d'Arc! Merveilleux prestige d'une tradition sainte, d'un souvenir chaste et pieux! tout ce peuple ignorant et grossier qui promène dans ces parages boueux son travail incessant et ses distractions avinées, respecte d'instinct ce nom des temps passés, dont il soupçonne seulement l'histoire, et il vous parle avec orgueil de la Pucelle. Et pourtant c'est un pauvre titre que celui de Rouen sur Jeanne d'Arc! La place de la Pucelle ne faisait qu'une, autrefois, avec la place du Vieux-Marché, la plus ancienne de Rouen, sur laquelle s'élevaient l'échafaud et le pilori, et dont le nom n'est que trop bien justifié par l'air de vétusté des constructions qui l'entourent.

Parmi les curiosités du vieux Rouen, citons aussi l'ancienne tour du Beffroi, aujourd'hui tour de la Grosse-Horloge; elle porte la date de 1389. L'horloge, véritable monument de cuivre ouvragé, ne fut achevé qu'au milieu du siècle suivant. En 1527 fut construite la voûte qui joint la tour aux anciens bâtiments de l'Hôtel de Ville, élevé sous Henri IV. Dans l'ombre de cette voûte massive, l'œil parvient à distinguer deux grands bas-reliefs, d'une exécution problématique, tant est épaisse la couche de poussière et de boue sous laquelle ils disparaissent. Le peuple s'obstine à y voir le *bonhomme Rouen* gardant ses moutons, bonhomme fabuleux, le fondateur supposé de la ville, dont l'histoire n'a jamais parlé, mais que la tradition abrite sous son aile complaisante.

La Grosse-Horloge.

De la Grosse-Horloge au Palais de Justice il n'y a qu'un pas. Cet édifice, l'une des plus belles choses de la ville, fut élevé, en 1499, par Louis XII, pour l'*Échiquier de Normandie*, justice flottante qui suivait jadis les princes normands comme l'ombre suit le corps;

mais le bon roi Louis XII avait voulu que la justice fût stable, et que les peuples vinssent à elle! — La salle dite des Procureurs avait été construite, quelques années auparavant, pour servir de lieu de réunion aux marchands. Cette salle immense, de 160 pieds sur 50 de largeur, fait encore aujourd'hui l'admiration des meilleurs architectes. Le grand escalier qui y conduit ne fut établi qu'en 1607. Le Palais-de-Justice s'élève en retour d'équerre, à l'une des extrémités de la salle des Pro-

Palais de Justice.

cureurs. La façade, décorée de tout ce que l'architecture d'une époque industrieuse et savante offre de plus élégant, de plus délicat et de plus riche, s'étend sur plus de 200 pieds. On remarque la jolie balustrade qui surmonte le faîte de l'édifice, une charmante tour octogone qui sépare la façade en deux parties, et les portes qui ferment la grande tour du Palais.

Morel Fatio del. Outhwaite sculp.

CATHÉDRALE DE ROUEN.

Après le Palais de Justice, si vous ne voulez pas laisser refroidir votre admiration, il faut aller voir la cathédrale. Comme toutes les grandes constructions du moyen âge, cette masse imposante, qui, de loin, domine la ville entière, a été l'ouvrage de plusieurs siècles. Commencée en 1200, par les ordres de Jean-Sans-Terre, les générations se la sont passée de main en main jusqu'à Georges d'Amboise, le cardinal ministre, ami du roi Louis XII. Georges d'Amboise a fait élever le grand portail et toute cette partie de la façade qui est comprise entre les deux tours, sur une largeur de 170 pieds. Au centre de l'édifice se trouve la *lanterne*, élevée de 160 pieds sous clef de voûte, et soutenue par quatre gros piliers supportant le soubassement d'une tour carrée, sur laquelle s'élevait naguère, à la hauteur de 396 pieds, un clocher pyramidal en charpente, recouvert en plomb.

Cette magnifique pyramide, qui couronnait si admirablement l'édifice, a été incendiée par la foudre, le 15 septembre 1822. A peine écroulée, Rouen songeait déjà à la relever, et à sa place s'élève en effet une nouvelle flèche, mais en fonte, construite à jour sur les dessins de M. Alavoine, et dont les dernières pièces atteindront à 436 pieds de hauteur. Dans son ensemble, cette flèche ne pèse pas moins de 1,062,344 livres, et pourtant, à la voir s'élever ainsi, svelte et évidée, du milieu de cette base gigantesque, l'on dirait de quelque échafaudage destiné à recevoir la construction véritable, et l'on a peine à se figurer que cette mince dentelle de fer, que le jour inonde et traverse de toutes parts, fasse partie du même tout que les deux tours massives derrière lesquelles elle s'élance dans les airs. Quant à ceux qui voient dans un monument autre chose qu'une affaire de coup d'œil, et qui aiment à évoquer le fantôme du siècle qui l'a créé, je vous laisse à penser quel ordre d'idées doit éveiller, dans leur esprit, ce prolongement d'une cathédrale gothique, sorti des flancs prosaïques d'une usine. — Le moyen âge chrétien attelé côte à côte avec l'industrialisme moderne, et lui livrant, par arrêté municipal, son œuvre à accomplir.

En dépit de cette restauration peu intelligente, Notre-Dame de Rouen reste encore un des types les plus curieux et les plus riches de

Cathédrale de Rouen. — Portail de la Calendre.

l'architecture gothique. Le portail de la Calendre, séparé malheureusement du grand portail par une rue qui s'adosse à la cathédrale, est un chef-d'œuvre de sculpture naïve et patiente, dont les détails représentent tous les actes de la vie de Jésus-Christ. Situé au fond d'une sorte d'allée sombre que forment, d'un côté les murs de l'église, de l'autre la vieille maison du chapitre, le *portail des Libraires* repré-

Cathédrale de Rouen. — Portail des Libraires.

sente le *jugement dernier*. « Le monde est à sa fin; la trompette funèbre du dernier jour remplit l'univers de son épouvante et de son bruit terrible ; les morts sortent du tombeau ; l'ange, d'un geste, indique aux damnés le chemin de l'enfer. Dans une infinité de petits cadres, toutes sortes de petites figures grimaçantes sont placées comme par hasard. Cependant, il vous est facile de remarquer l'arbre *du bien et du mal*, Adam et Ève, Samson et le lion ; puis encore une galerie, puis un grand toit percé de fenêtres : voilà pour le portail des Libraires. »

La tour méridionale, ou de Georges d'Amboise, dite la *tour de Beurre*, parce qu'elle fut bâtie des deniers perçus par le chapitre, à l'occasion des dispenses du carême, est ornée, vers le milieu, de deux galeries à jour qui forment des espèces de ceintures horizontales. Cette partie de la tour est percée de quatre fenêtres sur chaque face, décorées d'entrelacs et surmontées de pignons à jour. Au-dessus des fenêtres règne une terrasse bordée d'une balustrade. Dans cette tour était autrefois la fameuse cloche Georges d'Amboise, présent du ministre de Louis XII, la plus grosse masse d'airain qui ait jamais rempli les airs de ses mélodies solennelles ! Elle fut brisée en 1793, et les morceaux, portés à la fonderie de Romilly, servirent à forger des canons. Quelques fragments, envoyés à l'hôtel des Monnaies de Paris, furent employés à faire des médailles aujourd'hui fort rares. On lit sur une des faces :

MONUMENT DE VANITÉ
DÉTRUIT POUR L'UTILITÉ
L'AN II DE L'ÉGALITÉ.

L'intérieur du temple a conservé ce grand aspect que savaient donner à leurs œuvres les maîtres maçons du moyen âge. Trois grandes roses, telles qu'on savait les faire dans ces époques reines des arts, y versent à flots une lumière brisée, colorée, coupée à l'infini, qui va s'ébattant dans les merveilleux dédales de l'édifice. Les cent trente fenêtres qui, perçant les murs, forment une immense verrière, dont les ouvriers du douzième siècle et les artistes de la renaissance revendiquent chacun

Intérieur de la cathédrale de Rouen.

une moitié, et, dans la lutte, l'avantage n'est pas toujours resté aux derniers. Dans la chapelle de la Vierge, vous pouvez admirer un autre chef-d'œuvre, non pas seulement la table sur laquelle Philippe de Cham-

Tombeau du cardinal d'Amboise.

pagne a représenté l'adoration des bergers, mais le tombeau de Georges d'Amboise, œuvre éclatante de la renaissance, et le mausolée de Louis de Brézé, digne des plus grands maîtres. — Pourquoi faut-il qu'une spéculation de sacristie ait mis, pour ainsi dire, sous clef, ces merveilles de l'art, et que l'on ne soit admis a les visiter qu'en payant

Tombeau de Louis de Brézé.

un droit de péage à quelque malencontreux bedeau, fastidi ux cicerone, dont la présence vous gâte d'avance votre plaisir?

Nous en dirons autant de l'église de Saint-Ouen, la plus belle conception peut-être, et le dernier mot de l'art gothique, dont les portes entre-bâillées d'une main discrète, aux heures du service divin, se referment aussitôt pour ne plus s'ouvrir que par l'entremise d'un portier qui vous introduit, moyennant salaire, dans le temple, et qui attend derrière vous que vous ayez fini de voir, je ne dis pas de prier, il n'a pas de temps à perdre! Ce n'est pas ainsi que Paris fait aux étrangers les honneurs de ses monuments religieux. La ville de Rouen devrait imiter un exemple parti de si haut.

L'église de Saint-Ouen, qui était autrefois une dépendance de la fameuse abbaye de Saint-Ouen, la plus ancienne de toute la Nor-

L'abbaye de Saint-Ouen.

mandie, fut commencée, le 25 mai 1318, sous l'abbé Marcdargent; sa construction, reprise à quatre fois différentes, s'arrêta à l'époque des Valois, sous le cardinal Cibo, qui laissa le grand portail inachevé.

« Le chef-d'œuvre est complet; il est placé dans une position admirable, au milieu d'un vaste jardin, sous de beaux arbres. On peut l'admirer de toutes parts, tout à l'aise, à la clarté du jour. Entrez, vous vous trouvez tout d'un coup au milieu d'une forêt de pierre. L'élégante forêt porte jusqu'au ciel ses divers rameaux tout chargés des louanges du Seigneur. A travers les mille vitraux qui resplen-

Intérieur de l'abbaye de Saint-Ouen.

dissent comme autant de poëmes, et dont le reflet coloré se brise en mille parcelles éclatantes, depuis la voûte qui touche au ciel jusqu'à la dalle que vous foulez aux pieds, vous distinguez, dans un ensemble magnifique, irréprochable, les diverses parties du monument : la nef, le chœur, les bas-côtés. Figurez-vous un immense ovale, entouré de hautes gerbes de colonnes dressées vers le ciel. Ces longues files d'arcades, éclairées magnifiquement par les trois roses de l'occident, du septentrion et du midi, se prolongent dans une grande ligne lumineuse qui vous donne une idée de tous les mystères de l'infini. Jamais la pierre taillée par la main des hommes n'a pu rêver plus de grâce, plus de délicatesse, et, en même temps, plus de force et plus de majesté. Ce chef-d'œuvre, de quatre cent seize pieds de longueur, de soixante-dix-huit pieds de largeur, cette voûte qui est à cent pieds au-dessus du sol, sont éclairés par cent vingt-cinq fenêtres percées sur trois rangs. Ces fenêtres sont ornées de vitraux magnifiques. Sur ces vitraux, d'ingénieux artistes ont représenté les miracles de saint Romain. Si vous plongez les yeux dans le grand bénitier de marbre, placé contre le premier pilier du portail occidental, vous découvrez la voûte de l'église dans toute son étendue. Onze chapelles environnent le chœur de l'église. La grande tour, qui est un chef-d'œuvre digne de tout le reste, s'élève à cent pieds au-dessus du comble. Elle porte sa couronne percée à jour, et avec tant de grâce et tant de légèreté ; elle est si éternellement stable, appuyée sur ses quatre piliers, composés chacun d'un groupe de vingt-quatre colonnes ! Venez, venez avec nous ; rappelez-vous ce que nous vous disions tout à l'heure du grand art de l'architecture, et reconnaissez à ces signes magnifiques la plus belle époque de l'art. Au portail occidental, qui est incomplet, vous avez admiré la rosace.

« Au portail du sud, vous remarquerez, non pas sans enthousiasme, cette armée de statuettes, de statues, de chiffres, d'emblèmes, de caprices de tout genre ; au-dessus de la porte, la sainte Vierge est couchée dans son sépulcre de pierre ; l'instant d'après, les anges arrivent, qui la réveillent dans sa mort et qui l'emportent dans le ciel.

Véritablement on dirait de ce porche l'antichambre du ciel : c'est le chef-d'œuvre de l'architecture ogivale. »

Il y a une histoire tragique sur ces deux roses qui flamboient en gerbes resplendissantes, de chaque côté de la nef. Elles avaient été confiées à Alexandre Berneval, fameux maître sculpteur et verrier de cette époque, qui abandonna la rose de l'occident à l'un de ses élèves. L'œuvre achevée, il se trouva que l'élève avait surpassé le maître, et celui-ci frappa son élève d'un coup de poignard. Berneval fut livré au bourreau ; les religieux de Saint-Ouen, mus par un sentiment de pitié reconnaissante, détachèrent son corps du gibet, et l'ensevelirent sous la rose même qu'il avait faite de ses mains.

Tout à côté de la basilique, à l'endroit même où s'élevaient jadis les bâtiments de l'abbaye, s'élève l'Hôtel de Ville, dont la façade, de construction récente, est d'un style élégant dans sa simplicité. Le grand escalier se distingue par la hardiesse de sa coupe ; l'escalier volant du milieu est plein élégance et de légèreté.

Le Musée, fondé en 1809 par Napoléon, occupe le second étage de ce grand bâtiment, qui contient aussi la bibliothèque de la ville, riche de 30,000 volumes et de 1,100 manuscrits. Le Musée n'est pas, à coup sûr, un musée du premier ordre, mais on y rencontre de très-belles choses, dignes de parer la patrie du Poussin. Un peintre habile, M. Hippolyte Bellangé, préside aux destinées du musée de sa ville natale. Dans la bibliothèque, vous trouverez un des plus beaux missels du moyen âge, le célèbre Graduel de Daniel d'Aubonne, qui contient plus de deux cents vignettes de toutes couleurs, et un nombre infini de lettres d'or, enjolivées d'arabesques. Ce livre géant, que vous feuilletez en quelques heures, a coûté trente ans de travail à l'euvrier qui l'a fait.

Il faut s'arrêter pourtant dans cette promenade parmi tant de splendeurs. Pour vous conduire d'églises en églises, de places en places, d'édifices en édifices : à Saint-Maclou, la miniature de Saint-Ouen ; à

Saint Patrice, à Saint-Vincent, à Saint-Amand, ces œuvres charmantes de la renaissance; aux halles, les plus belles peut-être du royaume ; à l'abattoir de Sotteville, digne de ceux de Paris ; au collége royal, auquel ont mis la main Catherine de Médicis et le cardinal de Joyeuse ; aux théâtres, aux musées, aux prisons, aux hôpitaux, aux monuments de toute sorte que renferme la grande cité, il nous faudrait un séjour, et nous n'avons qu'une halte. Et pourtant, parmi les choses que nous dédaignons, il en est, l'Hôtel-Dieu, par exemple, ou la caserne Martainville, qui seuls suffiraient pour défrayer la curiosité du voyageur oisif et curieux, la race la plus aimable des voyageurs.

Ne quittons pas la ville de Rouen sans donner un souvenir aux hommes célèbres ou utiles auxquels elle a donné le jour. La liste en est longue. A côté des deux Corneille, de Fontenelle, de Benserade, et de ce pauvre Pradon, qui voulut un jour faire mieux que Racine, figurent pêle-mêle, les pères Brumoy, Daniel et Berruyer, trois de ces jésuites du dix-septième siècle qui représentaient le travail et le savoir; Paul Lucas, l'intrépide voyageur; Adam, qui perfectionna l'art de la distillation; la Champmeslé, l'illustre tragédienne; Jouvenet et Restout, deux bons peintres, et, avec eux, Géricault, peut être le plus grand peintre de notre temps; Boïeldieu, le compositeur populaire; Armand Carrel enfin, dont le nom a pu être jeté à travers tant d'orages et de passions, sans y ramasser une honte ou un affront. Ajoutons à tous ces noms un nom que vous avez pu lire, à la descente du pont de bois, sur le frontispice d'une charmante maisonnette qui porte cette inscription :

A LOUIS BRUNE,

LA VILLE DE ROUEN.

Celui-là n'était rien, ne savait rien : il n'a fait ni opéras comiques, ni brochures, ni tableaux, ni livres en vers ou en prose : il a simplement sauvé la vie à plus de soixante hommes, un à un. — Il est mort, l'hôte glorieux de cette ville reconnaissante, qui a voulu accompagner Louis Brune jusqu'à son tombeau.

Quant à tout ce qui regarde le bien-être et la commodité du voyageur, soit que le voyageur s'arrête dans la vieille cité normande, soit qu'il pousse juqu'au Havre et ne s'arrête qu'à l'Océan, nous lui recommandons en toute confiance les maisons suivantes :

Vue du port du Cours Boïeldieu et de l'hôtel d'Angleterre.

PRINCIPAUX HOTELS DE ROUEN.

Grand Hôtel d'Angleterre, sur le port, tenu par M. Hippolyte Delafosse (table d'hôte à 5 heures et restaurant à la carte).

Grand Hôtel de Rouen, tenu par M. Jamain Deresmes, quai du Havre, 10, vis-à-vis les bateaux à vapeur du Havre.

DISTANCE DU CHEMIN DE FER

DE ROUEN AU HAVRE.

DISTANCE DE chaque station entre elles.	NOMS DES STATIONS.	DISTANCE DE PARIS.
k. m.	*Embranchement à Sotteville-les-Rouen.*	k. m.
5,581	Station de la rive droite..........	5,581
5,517	— de Maromme..............	11,096
3,862	— de Malaunay..............	14,960
7,846	— de Barentin..............	22,806
1,677	— de Pavilly..............	24,483
11,308	— de Motteville..............	35,792
7,421	— d'Yvetot..............	43,213
11,173	— d'Alvimar..............	54,386
8,350	— de Nointot..............	62,737
5,569	— de Beuzeville..............	68,306
8,345	— de Saint-Romain..............	76.651
11,162	— d'Harfleur..............	87,813
6,240	GARE DU HAVRE..............	94,053
	Distance de Paris au Havre.......	230,053

Plan Général
VILLE DE ROUEN
Publié
par ERNEST BOURDIN Édit.
ILE DU PETIT GAY
SEINE
FLEUVE
La Gare
Champ de Mars
ILE BRAQUET

VOYAGE
DE
ROUEN AU HAVRE
PAR
Le Chemin de fer.

DESCRIPTION DES TRAVAUX D'ART DU CHEMIN DE FER DE ROUEN AU HAVRE.

Le 11 juin 1842, année célèbre parmi les années laborieuses, le chemin de Rouen au Havre fut voté pour quatre-vingt-dix-neuf ans, avec les tarifs accordés au chemin de Paris à Rouen, plus, un prêt de 36 millions, dont 28 millions seulement seront remboursables, les 8 autres restant acquis à l'entreprise. — Ces conditions acceptées, la compagnie se constitue au capital de 20 millions; la ville du Havre donne 1 million, soit 29 millions pour l'achèvement de ces grands travaux. Travaux difficiles, remplis de difficultés de tout genre : des vallons à creuser, des montagnes qu'il faut traverser en ligne droite, des pentes, des chaussées, des remparts, et les saisons meurtrières qui savent défaire, en un jour, l'œuvre de dix-huit mois de travail.

Pour ajouter à ces obstacles, on multiplia les épreuves tout le long de cette ligne à peine achevée; 1,500 kilogrammes, 2,000 kilogrammes, par mètre carré, surchargèrent ces travaux, que l'on voulait faire à la fois élégants et solides. Sur les ponts de Brouilly, de Brun-Château, de Mirville, on fit rouler des wagons pesamment chargés, et ces mêmes wagons se précipitaient à toute vapeur dans les viaducs de la Clairelle, de la route royale, de Malaunay, de Barentin, de Mirville, de la rivière de Gournay et de la Lézarde. Pendant dix jours, et vingt fois par jour, ces tonnerres allaient et venaient de toute leur force... Pas un accident n'est survenu, et la sécurité est complète pour l'avenir.

La dépense totale s'élève à 45 millions, avec lesquels on a construit tous ces beaux ouvrages, entre autres les deux viaducs de la vallée de Harfleur, quarante-sept ponts au dessus du chemin, cinquante ponts au-dessous, trente-cinq ponceaux et grands aqueducs, trente passages à niveau, et tout ce labeur qui représente un mouvement de terrain que l'on peut évaluer à cinq millions de mètres cubes en terrassement, à quarante-sept mille mètres de souterrains.

Embarcadère de Rouen (rive gauche).

AVANT-PROPOS.

Mais hélas ! que vous alliez à pied, en voiture ou en chaise de poste ; que vous soyez venu par la Seine ou par le chemin de fer, c'est la loi du voyage, il faut aller encore, il faut aller toujours. A chaque pas, le voyageur entend retentir, à son oreille, le terrible : *marche ! marche !* qui l'obsède et qui le pousse. *Marche! marche!* Point de repos, point de répit, il faut obéir à la voix qui commande, au vent qui enfle la voile, au cheval qui emporte la chaise de poste, à la vapeur qui siffle, impatiente de dévorer l'espace et d'emporter avec elle tant d'hommes, tant d'idées, tant d'événements, tant de passions !

Partons donc; aussi bien le nouveau chemin de fer s'impatiente, et l'Océan là-bas vous attend en grondant.

Avant que la voie nouvelle qui relie désormais, d'une façon impérissable, le port de l'Océan au port Saint-Nicolas, la mer à l'embouchure de la Seine, eût été livrée aux wagons, au commerce, au travail, on allait de Rouen au Havre, par la Seine, par ce beau chemin qui marche tout seul, à travers ces belles rives, verdoyantes en été, sérieuses en hiver, rivages fertiles et pittoresques, chers à l'artiste, aimés du laboureur; nature féconde en beautés et en richesses; beau pays sous un beau ciel ! A coup sûr, c'est là un chemin que rien ne saurait détruire, cette rivière de Seine, notre orgueil! Ces grands bateaux, ou pour mieux dire ces villes flottantes qu'on appelle *la Normandie*, *la Seine*, on ne veut pas les briser; au contraire, le voyageur oisif s'estime heureux de les retrouver toutes parées, comme elles l'étaient encore l'été passé, ces deux nefs bienveillantes qui s'en vont sur ces eaux limpides, côtoyant ces frais hameaux, ces riches villages, ces métairies fécondes, ces châteaux gothiques. — Non, le chemin de fer n'est pas un ennemi implacable ; il accepte volontiers toutes les concurrences. Il a pour lui une supériorité irrésistible, il arrive avant toutes les forces qui marchent. — Pendant que *la Seine* et *la Normandie* attendent la marée qui monte, suivons le chemin de fer de Rouen au Havre.

Sotteville. — Bifurcation du chemin de fer de Rouen au Havre.

DÉPART DE ROUEN POUR LE HAVRE.

SOTTEVILLE. — TUNNEL DE LA COTE SAINTE CATHERINE. — FABRIQUES-LÉVEILLÉ.

Puisque nous quittons la ville, après l'avoir visitée, notre voyage commencera, s'il vous plaît, à Sotteville, non loin des puissants ateliers de MM. Alcard et Buddicom, qui ont transporté dans cet humble village, toute une nation de travailleurs. Dans ces ateliers, qui ne se reposent ni nuit ni jour, sont fabriquées les machines dont le chemin de fer a besoin; c'est là aussi qu'on les répare; car ces forces imposantes travaillent comme des hommes, et elles arrivent fatiguées, épuisées, souffrantes... *Sotteville* est devenu, grâce à ses forges, une des curiosités, une des richesses de la Normandie. Après une halte d'un instant, le temps de changer de locomotive, on tourne à droite; vous rencontrez un vaste remblai qui traverse de vastes prairies, et la Seine est franchie en courant sur un beau pont en charpente, jeté sur l'île Brouilly, vis-à-vis le faubourg d'Eauplet, et porté par dix arches de

Vue générale de Rouen, prise du pont de l'île Brouilly.

quarante mètres d'ouverture. Hâtez-vous, hâtez-vous de regarder sur le coteau de la rive droite l'église de Bon-Secours, construction charmante, empruntée au moyen âge, qui couronne ces hauteurs de sa majesté élégante. C'est un vrai tour de force, cette *église de Bon-Secours :* elle est faite d'hier, on la croirait bâtie au XIIIe siècle. Rien ne manque à cet art fleuri, ingénieux, charmant, c'est de l'art de nos jours : les vitraux même sortent de la manufacture de Sèvres. Si on eût osé, on eût apporté en ce lieu même, des tombeaux... Les tombeaux ne s'élèveront que trop vite! Cependant, nous voilà déjà bien loin ; on voudrait ne pas aller si vite ! Le beau passage ! Ces îles, ces ponts, ces vastes ports, la cathédrale de Rouen disparaissant dans le lointain, les tours de Saint-Ouen s'effaçant dans l'azur du ciel, il faut quitter tout cela d'un clin d'œil; déjà les bruits de la ville industrieuse font place au silence de la campagne ; la Seine même semble nous quitter à regret ; nous pénétrons dans les entrailles de cette montagne pittoresque : *la côte de Sainte-Catherine.* — Ce formidable tunnel de la côte Sainte-Catherine est un abîme de 131 mètres de profondeur, sur 1,050 mètres de longueur. Le convoi s'y précipite avec une énergie violente ; le bruit, la fumée, l'obscurité vous emportent... L'instant d'après, reparaît le ciel, et avec le ciel, l'air, l'espace, le paysage, le soleil, toute la vallée de Darnetal remplie de ses énergiques travailleurs. Un habile industriel, M. Léveillé, filateur et teinturier tout ensemble, occupe 500 ouvriers dans cette manufacture, qui a gagné la médaille d'or à l'exposition de 1844.

L'aspect de ce paysage est éblouissant! — Tout travaille et tout chante dans ce petit coin de terre! La tour gothique de *Carville* se montre entourée de verdure, la prairie est chargée de fruits et de fleurs; deux rivières, peu célèbres, mais très-utiles, la rivière de Robec et la rivière d'Aubette, filets d'eau qui représentent tant de fortunes, se font reconnaître à la couleur de leurs ondes qui roulent tour à tour le bleu et le vermillon, le blanc et le noir dont elles sont chargées. C'est qu'en effet, sur ces rives, les premiers teinturiers de Rouen avaient établi leur savante industrie : Houdark Firuet et Naistey, ouvriers dignes de nos respects, ont enlevé, grâce à tes eaux, Robec, grâce à tes eaux, aimable Aubette ! un de leurs monopoles aux ruisseaux de la Flandre, aux filets d'eau de l'Angleterre. — Cent manufactures sont alimentées par ces deux sources, qui servaient jadis à l'ébattement des ducs de Normandie. Mais qui donc pouvait prévoir que ces deux rivières, faites pour les poètes, pour les rêveurs, pour les saules où se cache Galatée, non pas sans s'être laissé entrevoir, seraient condamnées à ces rudes et pénibles travaux ?

Tout de suite après, il faut traverser deux tunnels, l'un de 80 mètres seulement, l'autre (sous les boulevards Saint-Hilaire et Beauvoisine) de 1,472 mètres de longueur.

Sortie du tunel de la côte Sainte-Catherine. — Fabriques Léveillé.

Station de la rue Verte (rive droite).

STATION DE LA RIVE DROITE. — DEVILLE. — MAROMME. — MALAUNAY. MONVILLE. — TUNNEL DE NOTRE-DAME-DES-CHAMPS. — BARENTIN. — PAVILLY. — FLAMANVILLE. — MOTTEVILLE.

Cette station de la rue *Verte* contient la gare principale de la rive droite, sur le chemin de Paris au Havre; elle est réservée aux voyageurs; elle a quatre voies, et il était impossible de tirer un meilleur parti de cet emplacement creusé hardiment entre les deux tunnels; on fait cependant à cette gare des reproches nombreux : elle est, dit-on, située trop loin de la ville; elle manque d'espace; elle rend presque inutiles ces beaux quais habités par le commerce. — Laissons faire l'habitude, et chaque chose aura bientôt recouvré son état normal; une ville comme cette grande cité de Rouen ne peut pas être supprimée, même par le chemin de fer.

De la rue Verte nous passons, un peu lentement, sous le tunnel Cauchois (1164 mètres) qui roule sous les faubourgs de Bouvreuil et sous le cimetière Saint-Gervais, ce champ des morts étonnés de cette vie qui s'agite, et qui passe sous leurs tombes, comme si la ville n'était plus là-haut pour tout remplir de son activité, de son travail et de son bruit?

Le quatrième tunnel, ouvert à la suite de cette gare, a présenté de grands obstacles à ces célèbres travaux. Il fallait, avant tout, faire en sorte que cette partie de la ville qui doit reposer sur ces voûtes, fût solidement établie, et cependant il était défendu aux ingénieurs de creuser trop avant dans ce sol ainsi chargé, s'ils voulaient obéir au niveau du chemin. Ajoutez les mouvements, les inondations, les sources, les diverses couches de ce difficile terrain, et vous aurez à peine une juste idée de ces obstacles que l'on eût crus impossibles, si le mot *impossible* n'avait pas été rayé, nous l'avons dit, de notre dictionnaire par les mains toutes-puissantes de l'empereur Napoléon.

Dans le trop court intervalle qui nous sépare encore du cinquième tunnel de 356 mètres, longue suite de souterrains qui attristent quelque peu le départ, nous pouvons, en passant, jeter un coup d'œil sur le plus beau panorama du monde: au-dessous du feu qui nous emporte, se dessine, verdoyante et calme, la riche vallée de la Seine, pendant que les admirables coteaux de Canteleu semblent nous saluer du haut de leurs crêtes riantes, et voisines du ciel. Dieu merci, nous avons bien vite franchi le fond de ces arcs et de ces abîmes qui nous séparent de la lumière du jour; maintenant le soleil marche dans tout son triomphe, nous allons légèrement passer sur le flanc des coteaux de Deville, de Maromme et Bondeville: à chaque pas que nous faisons dans la vallée, la vallée change de nom, change d'aspect. On arrive ainsi à Malaunay.

Cette partie du chemin fait le plus grand honneur aux ingénieurs qui l'ont accomplie : à M. Locke, l'ingénieur en chef, à M. Neumann, l'ingénieur principal; l'un et l'autre ont surveillé le parcours, mais la belle section de Rouen à Malaunay a été particulièrement dirigée par MM. Cousin et Murton.

Déjà nous avons franchi *Bapeaume*, *Deville*, ces grandes manufactures ; *Maromme*, cette réunion bruyante et active de filatures, de fabriques. On ne saurait parler avec trop d'admiration de ce viaduc de *Malaunay ;* les jardins suspendus de la Babylone de Sémiramis n'avaient rien de plus merveilleux. Que d'efforts ! que de labeurs ! quelle violence imposée au vallon, à la montagne, au ruisseau jaseur, à l'arbre séculaire; quels difficiles problèmes de l'art de bâtir ! — *Monville !* Voici Monville dans sa vallée ressuscitée ! Vous avez entendu, il y a deux ans (avril 1845), le récit des misères qui sont tombées sur cette vallée malheureuse. Le feu du ciel, l'orage, l'ouragan, les maisons renversées, les jardins ravagés, les manufactures emportées dans cette ruine; tant d'orphelins, tant de malheureux qui demandaient, en vain, celui-ci un père, celui-là un enfant ! — La bienfaisance publique est venue, après le fléau, pour tout réparer, pour tout ranimer; et comme les compagnies d'assurances hésitaient à remplir leurs engagements, la Cour royale de Rouen, présidée par son digne premier président en personne, a décidé, par son arrêt, que le feu était mêlé à cette trombe funeste. Aujourd'hui, grâce à tant de secours, la vallée, sauvée de l'abandon, et rendue au travail, à l'agriculture, au bonheur, est plus florissante que jamais.

A l'extrémité du viaduc de Malaunay est posé l'embranchement de *Dieppe*, la ville des bains de mer, la ville des fêtes de l'été ; c'est en ce lieu surtout qu'il fera bon s'arrêter, pour continuer sa marche dans ces campagnes florissantes, vers cette ville destinée aux plus doux loisirs, sur ce rivage habité par les élégances et par les oisivetés parisiennes, petit recoin de l'Océan, découvert en pleine restauration, par madame la duchesse de Berry.

Trois kilomètres à peine séparent Malaunay de Maromme. Dans un siècle, les voyageurs qui traverseront ces parages, se demanderont quels géants ont présidé à ces travaux? Jamais peut-être la double puissance de l'art et de l'industrie ne s'était manifestée dans des proportions plus grandioses. Vous qui traversez avec la vitesse d'une lieue en quelques minutes, ces ponts et ces viaducs à peine croyables, il est impossible que vous ne rendiez pas toute justice à ces miracles. Oui, cette fois, le sol est aplani, la montagne est abaissée, le vallon est comblé; la ligne droite, soumettant à sa règle de fer les sinuosités vagabondes, règne, maîtresse souveraine, dans ce paysage rempli de variété et de

Viaduc de Malaunay.

puissance. Figurez-vous un pont de dix-sept mètres, un remblai de vingt-cinq mètres au-dessus du sol de la prairie, un viaduc (le viaduc de Malaunay de huit arches de quinze mètres d'ouverture, sur une hauteur de vingt-cinq mètres) puis enfin cette tranchée où vous venez d'entrer, véritable gouffre qui n'a pas moins de trente-cinq mètres de profondeur... Certes on peut dire que les chemins de fer ne s'étaient jamais élevés si haut, qu'ils n'avaient jamais descendu dans de plus sombres et plus solennelles profondeurs.

Au sortir de ce grand souterrain de *Notre-Dame-des-Champs* (2,200 mètres de longueur), le dernier de quelque importance sur toute cette ligne, et après avoir franchi quatre kilomètres de terrassements, nous sommes lancés sur le viaduc-géant de *Barentin.*

Viaduc de Barentin.

En ce moment, on dirait que la Normandie tout entière veut être passée en revue dans son éclat, dans sa beauté, dans sa fraîcheur, dans sa poésie. Maintenant que nous avons visité la glorieuse capitale, la voilà donc, dans son agreste magnificence, cette antique province, toujours jeune, et telle que l'ont vue les peintres, les poëtes, les voyageurs, les historiens eux-mêmes qui s'arrêtent plus d'une fois, dans le récit de leurs batailles, pour célébrer la beauté de ces châteaux, la limpidité de ces rivières, la verte fraîcheur de ce paysage. — *Le viaduc de Barentin* dont la coupe hardie se présente, par une circonférence de huit cents mètres de rayon, se compose de vingt-sept arches de quinze mètres d'ouverture, et élevées de trente-trois mètres, c'est-à-dire de cent pieds au-dessus du niveau de la prairie. La longueur totale de ce viaduc est de cinq cents mètres, tout autant, et l'on ne sait s'il faut admirer davantage l'audace qui a inspiré de pareils travaux, ou le génie qui les a amenés à bonne fin. Un instant enseveli sous son propre effort, ce viaduc-géant fut relevé avec tant de force et d'énergie, que, reconstruit en moins de six mois, le conseil général des ponts et chaussées l'a dispensé de la charge d'épreuve de poids mort, imposée aux autres travaux d'art de la ligne. Cette section de Malaunay à Barentin a été exécutée sous la direction de M. Lemoinne.

On voudrait vous arrêter plus longtemps au milieu de ce vaste panorama : ici, la vallée du bourg de Pavilly à Duclair; là, la rivière de Sainte-Austroberthe se précipitant dans la Seine; plus loin, le travail immense, le coton, le papier, le mouvement de la route... mais tout s'efface en présence de ces six millions de travaux.

Vous quittez Barentin; vous gravissez par les fraîches sinuosités du vallon, et en coupant de temps à autre ces sinuosités pittoresques d'entailles profondes, la rampe devenue facile qui mènera plus tard au niveau du pays de Caux, et ainsi vous arrivez à *Pavilly*.—C'est un enchantement, ce Pavilly! Les jolies maisons de diverses couleurs! les pavillons cachés dans la verdure! les vieux arbres! les vieilles tourelles du château d'Esneval! —Souvenir d'autrefois, ce château des sires d'Esneval! Mais quoi! il faut obéir à la nécessité; les choses ainsi que les hommes sont soumises à une loi égale, à la loi du temps. — Château féodal au XIIIe siècle, Esneval est une fabrique aujourd'hui.

Il est fâcheux que vous n'ayez pas le temps de visiter la petite église de Pavilly; ce monument est des plus modestes, mais plusieurs curio-

Pavilly.

sités y sont renfermées; la dame de Maulevrier, Catherine de Dreux, a voulu être ensevelie dans cette église de village, pendant que son mari le sénéchal de Brézé occupait, à Rouen, une tombe superbe commandée à Jean Goujon par Diane de Poitiers, la seconde femme de Louis de Brézé.

A *Flamanville*, le dernier tunnel à 165 mètres de longueur, dans un roc dur et argileux. La station de Motteville est située à onze kilomètres. Cette station de Motteville occupe une belle place dans le parc de M. de Germiny, qui a donné au chemin de fer ces fragments de ses domaines. En ce moment enfin, nous rencontrons une plaine, une belle plaine; un grand silence, un vaste espace; c'est que nous sommes arrivés au sommet de ce pays fertile qu'on appelle le pays de Caux, terre des laboureurs, métairies cachées dans les prés, vastes champs cultivés avec soin, — le domaine de la grande culture. — A huit kilomètres de Motteville, vous rencontrez la station d'*Yvetot*.

Voyageurs se rendant à la station.

Station d'Yvetot.

YVETOT. — ALVIMARE. — NOINTOT. — BOLBEC. — VIADUC DE MIRVILLE.

A ce seul nom d'Yvetot vous voilà tout prêt à sourire; vous vous rappelez la piquante chanson du poëte national, ce roi de Béranger, couronné roi par Jeanneton, cette douce image d'une royauté champêtre, s'inquiétant peu des batailles et des héros de la grande armée. Heureuse célébrité, cette célébrité d'une chanson populaire! — Yvetot, qui a été en effet *un royaume*, un royaume en miniature, n'a pas pris au sérieux la chanson de Béranger. Les habitants de l'humble royaume travaillent comme les citoyens d'une monarchie constitutionnelle; ils fabriquent des bonnets de coton, mais pour les vendre; Jeanneton elle-même travaille tout le jour, et le *bon petit roi*, s'il était de ce monde, n'aurait rien de mieux à faire que des briques, des rubans, des glaces ou du velours

D'*Yvetot* à *Alvimare*, vous franchissez les plateaux bien boisés du pays de Caux, et vous arrivez à la station de *Nointot;* par cette station, la ville de *Bolbec* est déjà en communication avec le chemin de fer. — Immense difficulté cependant ; cette ville importante de Bolbec occupe le fond d'une vallée dont il était difficile d'approcher. — Un embranchement desservi par des chevaux doit rapprocher cette ville de Bolbec, la ville des ouvriers et des maîtres ; laborieuse, à elle seule, autant que mille ouvriers, la petite rivière agite des moulins, anime des usines, et après avoir tant filé, et tant tissé, et tant imprimé, et donné la vie à tant d'ateliers, elle s'en va, rejoindre la Seine, au-dessous de Lillebonne, la ville savante, oubliée en ces lieux par les Romains.

Viaduc de Mirville.

Entre Nointot et Beuzeville, nous rencontrons la vallée et le viaduc de *Mirville*, vrai colosse de briques, de cinq cents mètres, porté sur quarante-huit arches de neuf mètres d'ouverture; même quelques-unes de ces arches ont atteint la hauteur énorme de trente-trois mètres d'élévation, au-dessus de la vallée. Ce travail monumental était confié à MM. Hillcock et Albert Moreau.

Plus heureux et cependant plus formidable que la viaduc de Barentin, le viaduc de Mirville n'a pas éprouvé une seule atteinte de ces expériences réitérées; œuvre toute romaine, on peut lui appliquer le *mole sua stat!* dans toute sa rigueur.

De *Beugeville-Legrenier*, à *Saint-Romain*, huit kilomètres. Là s'embranchera plus tard le chemin de Fécamp. Ce pays franchi, on abandonne les calmes latitudes du pays de Caux, et déjà reparaissent les doux aspects, la variété du voyage, les accidents heureux du paysage, le mouvement et la vie des campagnes, les bouquets d'arbres, les ruisseaux limpides, les pentes qui vont toute seules... des pentes de huit millimètres. — La jolie vallée de Gournay vous ramène par ces beaux sentiers au niveau du bassin de la Seine, non loin de la station de Harfleur.

Cette station de Harfleur sent quelque peu sor moyen âge et sa construction normande. Les travaux ont été conduits par M. Pinet. Pour franchir cette vallée d'Harfleur, il a fallu couper, d'une tranchée profonde, le contre-fort imposant que gravit la routede Rouen au Havre; puis enfin, quand cette route est franchie au moyen d'un souterrain, nous voilà arrivés, en vue d'Harfleur.

Harfleur, autrefois le souverain port de Normandie, figurait dans les chroniques de l'an 1040; il était dans toute sa splendeur quand la flotte de Henri V entra dans la Seine en 1415. Quatre cents hommes de garnison, commandés par un sire d'Estouteville, suffirent à la ville pour tenir quarante jours; mais, vaincus enfin, il fallut se mettre à la discrétion du vainqueur; c'était accepter la ruine! Les chartes, les franchises et les titres de propriété, brûlés sur la place publique; seize cents familles chassées du sol natal, et dirigées, comme un vil troupeau, sur Calais, sans pouvoir rien emporter qu'une partie de leurs vêtements et cinq sous par tête; le droit de propriété et d'héritage enlevé

Harfleur.

au petit nombre de ceux qu'on laissait par grâce dans la ville, voilà comme les Anglais entendirent user de la victoire. Cette misère dura vingt ans, et au bout de ces vingt siècles d'esclavage, cent quatre habitants s'entendent avec les milices des environs et mettent l'Anglais dehors. Ce fut une allégresse sans bornes. Les enfants de ceux qui étaient morts à Calais revinrent habiter l'ancienne patrie. Pendant longtemps, chaque matin, à l'heure de l'attaque, on sonnait cent quatre coups de cloche, en souvenir de la délivrance. — Bientôt les

Anglais reviennent pour écraser la ville avec les boulets de pierre de leurs guimbardes. Vous trouverez encore quelques-uns de ces boulets qui servent de bornes à d'anciennes maisons. — La ville fut enfin arrachée à l'Anglais, mais il était trop tard ; tout le commerce et la vie s'étaient retirés du port esclave ; Harfleur ne fit plus que tomber... Deux de ses enfants, Gonneville et Béthancour, qui découvrirent, celui-ci les Canaries, l'autre les terres Australes, illustrèrent leurs noms, mais sans qu'il en revînt grand profit à leur ville natale. Colbert avait rêvé pour Harfleur de grandes destinées ; la révocation de l'édit de Nantes porta à cette ville le dernier coup.

Pendant ce temps le Havre grandissait et attirait tout à lui. Puis la vase se mit de la partie et combla le port... Ces métairies, ces jardins, ces pâturages que vous apercevez d'ici, c'est l'ancien port d'Harfleur. De sa splendeur passée, le *souverain port de Normandie* n'a gardé que sa position ravissante, au pied des hautes collines qu'ombragent des bouquets de grands arbres, dans la fertile vallée de la Lézarde ; la Lézarde s'en va, à travers les vastes prairies du rivage, se jeter dans la Seine, derrière le promontoire formé par la pointe du Hoc.

Tout ce parcours pittoresque, varié, charmant, de quatre-vingt neuf kilomètres (22 lieues 1/4), a été franchi en deux heures, et pas un seul instant de fatigue, d'oisiveté, de malaise ! Cette grande joie de dévorer l'espace, d'aller si bien et si vite ; ces aspects des beautés naturelles qui se mêlent et se confondent avec les chefs-d'œuvre du travail humain, ce profond sentiment de la force, de la prospérité, de la fortune d'un pays comme la France, tant d'inventions si diverses, mêlées d'étonnement, de curiosité, d'orgueil national, suffiraient à défrayer un voyage vingt fois plus long. Mais enfin voyez-vous briller au loin ce lac d'argent animé par ces vagues printanières ? Entendez-vous l'Océan gronder ? Voici la mer ! voici la mer ! — Paris, port de mer ! — L'Océan à cinq heures de *Notre-Dame* de Paris ! — Spectacle immense, d'une éloquence souveraine ! — Honfleur, — Harfleur, l'abbaye de Graville, la côte charmante d'*Ingou,* ville chargée de ses blanches maisons, dans leur cadre de verdure, la ville du Havre tout entière — et toujours le grand spectacle, toujours l'impérissable chef-d'œuvre, la voie immense, incessamment ouverte à toutes les aventures, à toutes les fortunes de la paix et de la guerre, l'Océan et le port chargé de vaisseaux qui saluent cette force victorieuse, la vapeur, souveraine dominatrice des eaux et des chemins de fer.

Après Constantinople, il n'est rien de plus beau !

C'est le poëte du Havre, c'est Casimir Delavigne qui l'a dit.

Débarcadère du chemin de fer du Havre.

Outhewaite del. et Sculp.

(avant Port)

Le Havre (vue de la jetée).

LE HAVRE. — SON HISTOIRE. — SES MONUMENTS. — SON COMMERCE. — SES GRANDS HOMMES.

Un mot sur le Havre, devenu maintenant le grand faubourg de Paris !

Le *Havre* est un des principaux ports de la France pour les importations ; sa situation à l'embouchure d'une rivière large et profonde, sa proximité de Paris, l'avantage que lui procure la Seine de communiquer avec un grand nombre de départements de l'intérieur, tout y favorise un commerce immense ; c'est l'entrepôt du monde entier. La ville est située à l'angle formé par la rive droite de la Seine et par la côte de l'Océan, dans une plaine fertile ; cette plaine était occupée avant le quinzième siècle, par des marais salants ; l'eau de la mer a dû la couvrir entièrement, à une époque peu reculée. Le nord de la plaine est bordé d'un rideau de collines parsemées de bois, de châteaux, de parcs; à l'extrémité de ces collines s'élève le bourg d'Ingouville, si agréablement situé; vu de la ville, Ingouville offre un coup d'œil charmant. — Le port peut recevoir les gros navires marchands; c'est le port le plus accessible de toute la côte; il a sur tous les autres l'avantage de garder son plein pendant deux heures; le mouvement de la marée se fait sentir à neuf heures quinze minutes. — Le port se compose de l'avant-port et de trois grands bassins séparés par quatre écluses.

Bassin du commerce (Vue prise du foyer du théâtre).

Outre les bassins, il existe une petite et une grande rade; la première n'est éloignée que d'une portée de canon du rivage; l'autre est à plus de deux lieues en mer. De beaux quais bordent le port et les bassins; la ville naguère était triste, sale et malsaine. Sous Henri II, les rues limoneuses exhalaient des miasmes fétides, et la peste venait de s'abattre sur la ville. Le roi prit en pitié ces malheureux, frappés par le fléau, et donna des ordres pour qu'on pavât le Havre. Aujourd'hui, la ville se livre avec ardeur aux améliorations les mieux entendues. La grande rue, la rue de Paris, est vraiment digne du nom qu'elle porte; elle est tirée au cordeau, fort large, pavée en chaussée, garnie de trottoirs et bordée de belles maisons; elle s'étend de la porte d'Ingouville, traverse la place Louis XVI, se prolonge jusqu'à la place de la Bourse sur le port, et présente incessamment la scène la plus animée: c'est le centre du principal quartier de la ville. L'autre quartier est construit sur une île qu'entourent les bassins. — La ville est approvisionnée d'eau par deux sources qui tombent des collines voisines; mais ces sources sont peu abondantes, et l'eau de puits, saumâtre et malsaine, ne saurait y suppléer. — Le Havre manque de promenades; cependant ses environs sont charmants. Des hauteurs d'Ingouville, la vue est ravissante; les regards se promènent sur la ville, sur la plaine environnante, sur les riches coteaux qui bordent les deux rives de la Seine. D'un côté, on voit s'élancer, presque à pic, la haute falaise de la Hève, qui porte, à 400 pieds d'élévation, un double phare bien connu des marins.

C'est toi, c'est ton feu
Que le pêcheur rêve,
Quand le feu s'élève,
Chandelier de Dieu.

a dit M. Victor Hugo, qui chantait alors cet Océan impitoyable où sa fille devait périr! De l'autre côté, une côte non moins haute est dominée par le pittoresque château d'Orcher; le parc d'Orcher est le rendez-vous des habitants du Havre; et quelles riches perspectives sur l'autre rive de la Seine! La côte d'Honfleur se montre à trois lieues de distance, les côtes du Calvados se confondent au loin avec la mer immense, qui disparaît elle-même dans le ton bleuâtre d'un horizon sans bornes.

— Le *commerce* spécial du Havre est l'entrepôt des denrées coloniales importées directement, et celui des denrées de notre sol et des produits de notre industrie destinés à l'exportation. Depuis quinze ans, ce commerce a pris une extension considérable, et l'importance du Havre s'est accrue aux dépens de tous les ports de l'Océan ; Bordeaux a surtout beaucoup souffert de cette rivalité. Les exportations se dirigent principalement sur l'Angleterre, le Nord et le Levant, et particulièrement sur les États-Unis d'Amérique et le Brésil ; elles consistent en bœufs, beurre, poisson, morue sèche, harengs, vins de Champagne et de Bourgogne, eaux-de-vie, huiles, fromages, draps, toiles de toutes qualités, coutils, mousselines, soieries, chapeaux, bas, souliers, bijouterie, argenterie, cristaux, faïence, mercerie, quincaillerie, serrurerie, fers, marmites, harnais, savon, plomb et poudre à tirer, fusils, pistolets, etc. Les importations se font en coton, indigo, sucre, café, cacao, gingembre, gommes, dents d'éléphants, toutes sortes de bois de teinture et de marqueterie, etc., etc.

Cette ville, le rendez-vous de tous les produits de l'industrie, produit elle-même, et produit beaucoup. Elle a ses fabriques de papier, d'amidon, de faïence, de dentelles, d'eau vitriolique, d'huiles pour la peinture et d'huiles à brûler ; ses taillanderies, ses tuileries, ses brosseries, ses raffineries de sucre ; ses chantiers de construction sont les plus beaux du royaume, l'œil du marin reconnaît au loin, dans la mer, les bâtiments construits au Havre. Le Havre possède un entrepôt de sel, une manufacture royale de tabac. Avec Ingouville, il entretient dix-sept ateliers où se fabrique chaque année pour 136,000 francs de chaises, qui la plupart prennent le chemin des colonies.

Le Havre offre peu de monuments remarquables ; son monument, c'est l'Océan. Cependant nous irons voir la tour de François Ier, les deux Hôtels-de-Ville, les églises de Notre-Dame et de Saint-François, le Palais-de-Justice, et les bassins du port.

La tour de François Ier fut baptisée par le roi-chevalier. Cette tour est solidement construite en pierres calcaires; sa hauteur est de 21 mètres; son diamètre, de 26 mètres, se termine par un parapet découpé de douze embrasures; sur la plate-forme est établi un système de signaux au moyen duquel on correspond avec la Hêve et avec les navires sur rade. L'homme oisif, dans sa promenade du soir, peut jouir, sur cette plate-forme, du magnifique coup d'œil de cet espace des flots et du ciel.

Musée et Bibliothèque.

Sur l'emplacement de l'ancien Hôtel-de-Ville, assez pauvre édifice du seizième siècle, qui servait au gouverneur de la ville, la ville du Havre a fait construire récemment, dans le plus bel ordre ionique et corinthien, un monument véritable, destiné à servir de Musée et de Bibliothèque. Au rez-de-chaussée sont exposées les belles sculptures modelées sur la collection du Louvre; au premier étage, où l'on monte par un escalier monumental, et dans de vastes salles bien éclairées, ont été placés les tableaux et les livres de la ville. Deux piédestaux attendent les statues de Bernardin de Saint-Pierre et de Casimir Delavigne, dignes enfants de cette grande cité.

Le nouvel Hôtel-de-Ville, rue de la Corderie, est un édifice d'une distribution commode, bâti en 1753; il ne présente rien de remarquable. — La porte d'entrée est ornée d'un écusson sur lequel est sculptée une salamandre au milieu des flammes, surmontée de fleurs de lis : ce sont les armes que François Ier donna à la ville. — On arrive par une cour d'honneur, ouverte sur la rue de la Corderie. Cet édifice est surtout remarquable par l'admirable vue dont on jouit du balcon de sa façade extérieure : l'œil découvre toute la Hêve, toute la rade et l'embouchure de la Seine. C'est le logement des princes qui viennent visiter le Havre.

La Bourse, bâtie en 1785, est un batiment fort ordinaire; depuis longtemps cette Bourse a cessé d'être en harmonie avec le nombre des affaires qui y sont traitées chaque jour.

L'église Notre-Dame a la forme d'une croix; sa façade a été rétablie en 1829, sur le modèle de l'ancienne église. L'église fut fondée en 1574 et terminée en 1636. La tour date de 1540; Claude de Montmorency en posa la première pierre; la plate-forme qui la termine était crénelée et garnie de canons; elle avait alors une élévation presque double de la hauteur actuelle du clocher. Plus tard elle servit de phare pour l'entrée du port : aujourd'hui, c'est un clocher. L'intérieur de l'édifice n'offre rien de bien intéressant; la longueur du vaisseau est de 80 mètres; sa voûte est soutenue par 24 arcades en plein cintre. Les orgues ont été données à l'église par le cardinal de Richelieu. Il est à regretter que le luxe extérieur n'ait pas permis de consacrer un peu de cet argent, mal dépensé, aux ornements de l'intérieur, comme aussi l'on pourrait désirer que toutes les murailles fussent garnies de boiseries à hauteur d'appui, ornées de quelques tableaux passables.

L'église de SAINT-FRANÇOIS fut commencée en 1553, sous François Ier ; elle n'a été terminée qu'en 1681. C'est un temple peu digne de fixer l'attention de l'artiste. Les connaisseurs y remarquent cependant une Adoration des bergers, de *Jacques Épée*, peintre distingué, né à Rouen en 1609.

Le PALAIS DE JUSTICE occupe toute la partie orientale de la place du Marché ; il se nommait autrefois le *Prétoire*. C'est le siége du tribunal de première instance de l'arrondissement. La salle d'audience mérite d'être visitée.

Le BASSIN DU COMMERCE a été creusé dans les anciens fossés des fortifications ; il fut commencé en 1788 et achevé en 1792, sous la direction de MM. Lamblardie et Sganzin, ingénieurs des ponts et chaussées ; il peut contenir 200 navires, et communique avec les deux bassins, au moyen de porte-flots et de ponts-levis tournants.

Le BASSIN DE LA BARRE, vis-à-vis de l'Entrepôt, est le plus grand des trois bassins qui existent au Havre ; celui-ci peut contenir plus de 200 navires. Dans le bassin de la Barre stationnent les bâtiments qui viennent de l'étranger, et, en effet, ils sont tous voisins de l'Entrepôt. La partie nord-est de ce bassin est réservée par la commission sanitaire pour les navires suspects, qui y font leur quarantaine. Sur la jetée du nord, qui est entourée d'un parapet, est élevé un petit phare en granit, dont la lanterne est à 7 mètres au-dessus du niveau de la haute mer. Ce phare, à feu fixe, reste allumé pendant toute la nuit ; il sert de point de reconnaissance aux bâtiments qui viennent du large, il sert de guide aux caboteurs pour l'entrée du port du Havre, et pour l'entrée de la Seine.

Il n'y a pas longtemps encore, le Havre vous aurait montré avec orgueil sa salle de spectacle ; cette salle s'élevait vis-à-vis du bassin du commerce, sur un des côtés de la place Louis XVI. Modeste bâtiment assez simple au dehors, mais orné à l'intérieur avec un goût parfait. M. le duc d'Angoulême, en personne, en avait posé la première pierre le 19 octobre 1817. La ville avait inauguré en 1823 sa salle nouvelle avec une joie d'enfant, et pour bouquet à cette fête de famille, elle avait obtenu un charmant prologue d'ouverture de M. Casimir Delavigne, tout plein de l'amour du poète pour le berceau chéri de ses premières années. Le feu a tout dévoré ! Les ruines fumaient encore, que les maçons étaient déjà à l'œuvre pour rebâtir une autre salle

Nouveau Théâtre.

sur les dessins de l'habile architecte M. Charpentier, l'architecte de l'*Opéra Comique* de Paris. L'édifice de M. Charpentier est une belle œuvre, sérieuse, élégante, digne d'un maître. C'est le plus élégant édifice du Havre, sans contredit.

On remarque encore au Havre *la Citadelle*, ou plutôt le quartier militaire, qui renferme l'arsenal ; les salles de l'arsenal sont d'une beauté sérieuse, et elles peuvent contenir 25,000 fusils ; le logement du gouverneur, des magasins et huit corps de caserne entourent la place d'armes, qui présente un carré orné de deux belles fontaines. — *La Manufacture royale des tabacs* fut destinée d'abord à un hôtel des monnaies. — L'*Entrepôt réel* a été achevé en 1829.—La *Douane* est un bâtiment carré, élevé par les fermiers généraux en 1754 ; elle , deux façades sur les quais et une façade sur la rue de la Gaffe. — *Port royale*, construite en 1798. C'est un arc de triomphe orné de quelques attributs de Mars et du commerce.—*Le Temple des protestants* est un édifice très-modeste, situé rue d'Orléans (basse ville). — *La maison où naquit Bernadin de Saint-Pierre* est située rue de la Corderie, 47.

Le Havre est aussi la patrie de *Beauvalet*, célèbre sculpteur, mort en 1818 ; — de *Bonvoisin*, peintre, mort en 1816, — de *Clémence*, savant helléniste ; — de *Madame de La Fayette*, le charmant écrivain à qui le siècle de Louis XIV doit *Zaïde* et *la princesse de Clèves*; — de *Mademoiselle de Scudéry*, honnête renommée qui peut servir à compléter la couronne littéraire de cette jeune cité ; c'est un des grands noms du grand siècle ; noble cœur, plume féconde, imagination inépuisable, dévouement sincère, bel esprit dans toute la force de ce mot-là, telle était mademoiselle de Scudéry ; elle est née en 1607, elle est morte en 1701.

PRINCIPAUX HOTELS DU HAVRE.

Hôtel et bains Frascati, en face de la mer ; peut recevoir 300 voyageurs. Salle de bal, lecture, jardin gymnastique, billard, tir au pistolet et à la carabine.

Hôtel de l'Amirauté, sur le port, grand quai, 43, en face les bateaux à vapeur par Rouen, Honfleur, Caen, Cherbourg et l'Angleterre.

Hôtel de France, tenu par M. Brunel ; grand quai, 15 et 17, table d'hôte à 5 heures et demie ; restaurant et café.

Hôtel de New-York, tenu par M. C. Voizard, grand quai, 73, vis-à-vis les bateaux à vapeur ; table d'hôte et restaurant.

Hôtel de la Paix, tenu par M. Desprairies, Bassin du Roi, 4, et rue de la Crique, 5. Cet hôtel, par sa position pittoresque, attire l'attention des voyageurs.

Hôtel Weeler, tenu par M. James Aitken, rue Notre-Dame, 19. Cet hôtel, tenu par un Anglais, se recommande par sa bonne tenue et son confortable.

Hôtel d'Albion, tenu par M. John Creed, rue de la Gaffe, 10, près de la douane et des bateaux à vapeur. Cet hôtel se recommande particulièrement au voyageur par la modicité de ses prix. Déjeuners à 1 fr. 25 c. et dîners à 1 fr. 50 c.

Hôtel de Lillebonne, rue de Paris, tenu par M. Delanot. Table d'hôte à 5 heures.

Café des frères Rheinart, place Louis XVI, arcade sud, 1, offre au touriste tout ce qu'il a l'habitude de trouver dans les meilleurs cafés de Paris ; glaces et déjeunesr à la carte.

CARTE DE L'ITINÉRAIRE DES BATEAUX A VAPEUR DE ROUEN AU HÂVRE.

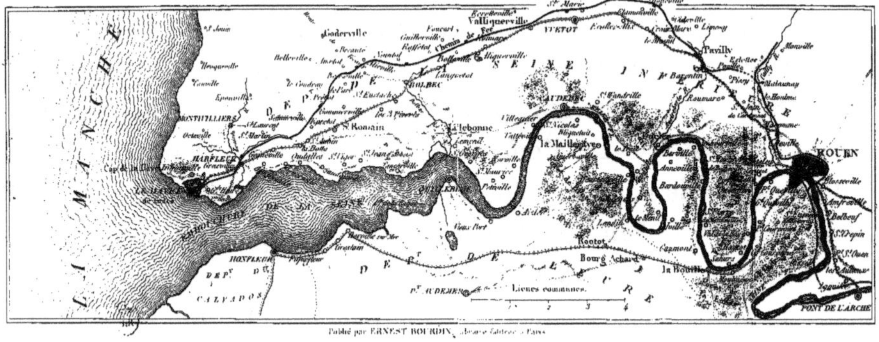

Publié par ERNEST BOURDIN, libraire éditeur à Paris

VOYAGE

DE

ROUEN AU HAVRE

PAR

les Bateaux à Vapeur

DESCRIPTION HISTORIQUE ET PITTORESQUE

DES BORDS DE LA SEINE.

ITINÉRAIRE

DE ROUEN AU HAVRE

NOMS DES PRINCIPALES VILLES, BOURGS, VILLAGES ET HAMEAUX QUI BORDENT LES DEUX RIVES DE LA SEINE,

Et leur distance par eau.

	INDICATION DES RIVES.	POINTS DE PASSAGE.	DISTANCES (1).	
			EN MÈTRES.	EN LIEUES.
1		Rouen..................	»	»
2	D.	Dieppedale..............	3800	1 1/2
3	D.	Le Val-de-la-Haye.........	12500	3
4	G.	Moulineaux..............	16600	4 1/2
5	G.	La Bouille...............	19800	5
6	D.	Saint-Martin ou Saint-Georges-de-Boscherville......	31500	8
7	D.	Duclair.............. ...	38800	9 3/4
8	D.	Jumiéges................	57300	14 1/4
9	G.	La Meilleraye	67800	17
10	D.	Caudebec...............	74800	18 3/4
11	D.	Villequier..............	77900	19 1/2
12	G.	Quillebœuf.........	100600	25 1/4
13	D.	Lillebonne..............	101400	25 1/2
14	D.	Tancarville...	105900	26 1/2
15	D.	Oudales	121100	30 1/4
16	D.	Rogerville......	122200	30 1/2
17	D.	Orcher..................	123400	31
18	D.	Gonfreville..............	124500	31
19	G.	Honfleur................	126000	31 1/2
20	D.	Harfleur...	128800	32 1/4
21	D.	Havre...................	137800	34 1/2

1. Les distances ont été relevées en mesures métriques. La lieue commune se compose de 4,000 mètres.

Les Bateaux à vapeur *la Normandie* et *la Seine.*

DEPART DE ROUEN.

Celui-là ne connaît pas la Normandie, qui n'a pas fait au moins une fois, dans un jour de fête et de douce oisiveté, le voyage du Havre, par le noble fleuve dont Paris est la capitale, dans un des riches bateaux la *Normandie* ou la *Seine*, messagers jumeaux de ces bords, deux masses gigantesques de 61 mètres de long, élégantes et légères dans ces proportions monstrueuses, et si souples, si dociles sous la main expérimentée de leurs capitaines Bambine et Fautrel, deux noms populaires à bon droit, depuis le Havre jusqu'à Rouen! Sur l'arrière de *la Normandie*, un aigle en fonte, incrusté dans le pont et entouré d'une balustrade, marque la place qui supporta le cercueil de Napoléon, souvenir glorieux et sacré que le noble bâtiment conserve avec un saint respect.

Partons donc, et pour obéir non-seulement à la logique, mais encore à la nécessité du chemin, revenons sur nos pas et repartons tout simplement de Rouen, pour aller au Havre. — Déjà le bateau à vapeur, s'indignant des lenteurs du départ, précipite le mouvement de ses roues bruyantes et touche les îles derrière lesquelles Rouen va disparaître. Un panorama magnifique se déroule, à mesure que s'enfuit la vapeur : ce port, forêt de mâts et de cordages, avec ses mille pavillons aux couleurs tranchantes ; ces quais imposants de grandeur et de symétrie, ces deux ponts qui s'élancent si hardiment, et dont le profil se découpe sur la nappe étincelante des eaux du fleuve, ces tours, ces clochers, ces aiguilles coquettes et gracieuses qui s'élèvent de toutes parts, au-dessus de la ville, et, digne fond de ce vaste tableau, cette riche ceinture de riantes collines, chaton verdoyant dans lequel s'enchâsse ce monde de pierres qui a nom Rouen... Ce coup d'œil enchanteur est le dernier adieu que vous jette la ville... encore quelques tours de roues, et tout va se perdre à l'horizon !

Laissez monter la vapeur et monter la marée, votre curiosité ne manquera pas longtemps d'aliments. La flèche de la cathédrale est encore en vue, que déjà vous apercevez, à demi cachées dans les arbres, les maisons du *Petit-Quevilly*, jeté au milieu des vertes prairies qui s'étendent entre la Seine et la route de Rouen à Tours. Cet humble village a aussi son histoire. En ce lieu, dit-on, les premiers ducs normands avaient établi, au moyen de pieux entrelacés et *chevillés* ensemble, une enceinte de pallissades, destinée à protéger leurs chasses dans la forêt de Rouvray. De là le nom du village. A moins pourtant que ce nom de Quevilly ne fût plus ancien que les ducs normands eux-mêmes ; et, de fait, il est cité par Dudon, moine du dixième siècle, qui écrivait trente ans avant l'établissement de Rollon. Mais à quoi

Outhwaite sculp

ROUEN

(vue de la grande Chaussée)

bon chicaner une étymologie si ingénieuse ? Plus tard, le roi anglais Henri II éleva, près la palissade des anciens ducs, un parc et une maison royale, dont il fit don ensuite aux lépreuses de Saint-Julien. Le palais, devenu prébende, passa de mains en mains jusqu'aux chartreux du mont Sainte-Catherine, qui l'habitaient en 1667. Ceux-ci, trop à l'étroit dans la vieille léproserie de Saint-Julien, la firent démolir, et ne conservèrent que l'église, qui subsiste encore aujourd'hui, à l'état de grange, il est vrai. Cette grange n'en reste pas moins le plus intéressant et le mieux conservé des monuments de l'architecture à plein-cintre du douzième siècle, dans tous les environs de Rouen. Une abside semi-circulaire en forme le chevet. C'est encore le zigzag du onzième siècle qui décore l'intérieur de l'édifice; mais, étendu en rubans légers sur une file non interrompue d'arcades, il en dissimule la monotonie par ses renflements alternatifs. La muraille extérieure est couronnée par de bizarres figures; — un cordon gracieux règne au-dessus des fenêtres et les embrasse dans ses contours harmonieux. L'église de Saint-Julien offre encore cette particularité, que l'abside, moins large que le corps de l'édifice, porte une toiture moins élevée.

De tout ceci vous n'avez guère que faire, si vous n'êtes quelque peu archéologue ; aussi bien tournez-vous vers l'autre rive. Vous avez en face de vous la côte de *Canteleu*, le point le plus pittoresque de ce vaste paysage. La route de Rouen au Havre gravit la côte, et se perd à mi-chemin à travers les taillis de la forêt de Roumare, qui, de la côte, s'étendent sur toute la vaste presqu'île englobée dans l'immense contour que décrit le fleuve jusqu'à Duclair. La vallée de Deville court au pied de ces riantes hauteurs, cachant sous ses ombrages les bras multipliés de la petite rivière de Cailly, qui ne font plus qu'une rivière avant que d'aller, en serpentant, se jeter dans la Seine. Sur le plateau s'élève la terrasse du château magnifique que s'était bâti, sous Louis XIV, le beau-frère de madame de Motteville, celle qui nous a raconté avec une émotion si naïve, les petits drames et les petits coups d'épée de la

Fronde. Une partie du château a été démolie en 1780, mais il reste encore à admirer, avec la terrasse et le parterre, qui sont de Le Nôtre, un salon percé de belles fenêtres d'où l'on découvre, par trois côtés à la fois, trois points de vue différents, éblouissants de grâce, de majesté et de grandeur.

De la pointe de l'île, jetée sur la Seine entre *Canteleu* et le *Petit-Quevilly*, jusqu'en face du Petit-Couronne, la rive droite de la Seine semble une longue rue. Ce n'est qu'une file interminable de maisons qui forment, sur une seule ligne, les quatre hameaux de *Croisset*, de *Dieppedalle*, de *Blessard* et des *Hautes-Carrières*. Sur la gauche se trouve le *Grand-Quevilly*, situé, comme le *Petit-Quevilly*, en travers de la route de Rouen à Tours. Là s'élevait autrefois un temple protestant qui passait pour un chef-d'œuvre d'architecture. Il pouvait contenir jusqu'à 10,700 personnes. Henri IV en avait autorisé la construction par arrêt du 2 novembre 1599. Ce temple ne devait pas durer même un siècle : le grand roi, qui était aussi un démolisseur à sa façon, le fit raser au mois de juillet 1686, plusieurs années avant la révocation de l'édit de Nantes.

Au nord du village s'élève le château de madame la princesse de Montmorency. Cette terre a le rang de marquisat depuis 1643 ; mais c'est un nom moins splendide qui lui a mérité cette couronne ducale. Elle doit cet honneur à Pierre Bec-de-Lièvre, premier président de la cour des aides de Normandie.

Ce joli village que vous voyez sur la rive droite, bâti au pied des montagnes où se termine la forêt de Roumare, c'est *le Val-de-la-Haye*. Vous connaissez cette célèbre histoire de la chaîne d'or, suspendue par Rollon à un chêne ; aux branches de ce chêne, la chaîne d'or se retrouva après trois ans de vertu normande. Cet arbre appartenait à la forêt de Roumare. Le bac Lemare, qui est tout à côté, s'appelait autrefois Mare de Rollon, en mémoire du terrible législateur. La forêt même doit probablement son nom au *prince Rou*.

Vient ensuite *Grand-Couronne*, le chef lieu de canton de tous ces villages qui s'échelonnent sur les bords du fleuve. En face de ce bourg, dont les dernières maisons touchent à la lisière de la forêt de Rouvray, la Seine élargit ses deux vastes rives, et forme une baie de près de 1,000 mètres d'étendue!

Nous franchissons rapidement un groupe de petits hameaux : *Hautot*, *Soquence*, *Sahurs*, *le Marais*, *Moulineaux*, dont les maisonnettes,

Sahurs.

échelonnées à droite et à gauche du fleuve, s'entremêlent à de beaux châteaux, et nous arrivons devant la Bouille.

L'aspect de la Bouille a quelque chose d'étrange. Ce bourg, en quelque sorte, la clef du Roumois, est si étroitement resserré entre la Seine et les coteaux escarpés qui la bordent, que les maisons semblent superposées les unes aux autres. La Bouille est un but de promenade, en grande faveur auprès des gens de Rouen, qui ne manquent pas d'y envoyer les nouveaux venus. Trois bateaux à vapeur font journelle-

La Bouille.

ment le trajet, et ne suffisent pas. Un service de bateaux-coches, établi en 1645, a résisté à cette redoutable concurrence. Le mot de cette affluence, que rien ne semble justifier au premier coup d'œil, vous le trouverez au sommet de cette côte que gravit la route de Tours, avant d'arriver à Moulineaux. « C'est une des plus belles places de la pro-
« vince. Vous découvrez, tout au loin, le plus vaste paysage; la Seine
« ressemble à la mer: elle est bruyante comme l'Océan, et, comme

« l'Océan, elle est chargée de voiles. A votre droite, la vieille cité « normande cache ses tours superbes dans les cieux; à votre gauche « s'élève, toute chargée de coudriers, de vieux lierres et de petites « fleurs des champs, la montagne de *Robert le Diable*. Prenez garde de « fouler d'un pied imprudent cette herbe rare et desséchée, car c'est « l'*herbe qui égare*, et le voyageur qui l'a touchée ne retrouvera pas « son chemin, dût-il marcher toute la nuit jusqu'au point du jour. Du « vieux château plus rien ne reste, sinon quelques pierres informes et

Ruines du Château de Robert le Diable.

« de vagues souvenirs. Là, dit-on, furent enterrées les maîtresses de « Robert *le Diable*; là, il a fait pénitence jusqu'à la mort. Dans ces

« ruines, où se lamente le vent du soir, *le diable* revient à l'heure de « minuit : vous pouvez entendre ses cris plaintifs (1). »

L'histoire ne dit rien des mystères que ces voûtes ont ensevelis sous leurs ruines; mais nous avons heureusement une chronique, une romance, un fabliau et un opéra de M. Scribe, aidé de l'illustre Meyerbeer. Voici ce que dit la chronique de ce terrible *Robert le Diable.* C'était le fils d'un ancien gouverneur de Neustrie ; il vivait au temps du roi Pépin, vers le milieu du huitième siècle. Tout jeune, il tua son précepteur d'un coup de couteau. Plus tard, il vint tout armé « à un reclusage, à une lyeue près de Rouen, où il y avoyt femmes qui vivoient « religieusement. Robert entra dedans, et fist venir devant luy toutes « les religieuses; et print laquelle qu'il lui pleut à force, l'emmena au « boys et la vyolla, et depuis lui trancha les mammelles. » Trois cents ans plus tard, Robert *le Magnifique*, le père de Guillaume *le Conquérant*, porta la peine de cette sinistre tradition. Le peuple, peu difficile en pareille matière, donna au joyeux et brillant chevalier, le surnom du sauvage carlovingien.

Quant au château, la seule chose positive que l'on sache du château, c'est que Jean *Sans-Terre* le fit démolir, lorsque la Normandie fut réunie au royaume de France. — Les souterrains du manoir, creusés au loin dans les flancs de la montagne, descendaient, dit-on, jusqu'à la Seine. A cette place fut égorgé, par son oncle, le jeune Arthur, duc des Bretons [2].

De la Bouille vous pouvez suivre dans les sinuosités du fleuve ces îles verdoyantes d'un si tranquille aspect.

Vous voici en face des carrières de Caumont, les plus renommées de tout ce littoral montagneux et rocailleux. On y montre aux curieux la grotte de *Jacqueline*, célèbre dans le pays par ses magnifiques stalac-

1. *La Normandie*, par J. Janin, page 40.
2. *La Bretagne*, par J. Janin, page 161.

tites. Un cours d'eau remplit, comme un lac, quelques-unes des salles de la grotte, où il entretient une éternelle fraîcheur.

Viennent à la suite, la forêt de *Mauny:* les ombrages de Mauny abritèrent plus d'une fois les tentes des successeurs de Clovis ; *Saint-Pierre de Manneville,* dont les maisons s'éparpillent au pied des collines escarpées que surmonte la forêt; *Quevillon*, *Bardouville;* au sommet du coteau qui domine Bardouville est un vieux château qui a aussi sa légende. « C'est l'histoire de Héro et Léandre, arrangée pour le fleuve de Seine; mais, en cet endroit, le fleuve y met tant de bonne volonté ! » Le prieur de l'abbaye de Saint-Georges de Boscherville passait le fleuve à la nage, pour aller voir la dame de Bardouville, dont il avait été autrefois le fiancé. Le mari le surprit un jour et le tua. Jusqu'à la révolution, les moines de Saint-Georges célébrèrent, chaque année, des offices expiatoires pour l'âme du trop heureux prieur, mort sans avoir eu le temps de se repentir.

Cette abbaye de Saint-Georges occupe fièrement la rive gauche de la Seine. Elle avait été fondée, en 1144, par Guillaume de Tancarville. Ce fut là que Guillaume *le Bâtard* trouva une sépulture, grâce au chevalier Héluin : comme il vit ce grand homme abandonné et dépouillé par ses domestiques, Héluin eut pitié de cette misère royale, et il fit la charité d'un cercueil au vainqueur de Hastings; il envoya les moines de Boscherville enlever processionnellement le corps du *Conquérant*, abandonné tout nu, sur le carreau, par d'ingrats serviteurs. Deux tours, longues et grêles comme des obélisques, accompagnent à droite et à gauche, le grand portail, derrière lequel le clocher s'élance à 130 pieds dans les airs. Cette église appartient tout entière à l'époque du plein-cintre : ensemble pur, harmonieux, uniforme. On voit qu'elle a été construite d'un seul jet, chose rare dans ces vieilles époques, qui confiaient volontiers au lendemain l'achèvement des œuvres de la veille. Toutefois les deux campaniles du portique, et une seule fenêtre ogivale sont évidemment construits après coup.

La salle capitulaire, voisine de l'église, présente à l'intérieur une magnifique voûte à nervures. On entre par trois arcades semi-circulaires, appuyées sur des colonnes à chapiteaux, chargées de délicates

Abbaye de Saint-Georges de Boscherville.

sculptures. Le onzième et le douzième siècle n'ont peut-être rien produit de plus parfait que ces deux édifices, abandonnés aujourd'hui à l'admiration douteuse des paysans de *Saint-Martin de Boscherville.* Le village oublieux n'a pas même conservé le nom de Saint-Georges, qu'il avait reçu jadis du monastère, son ancien patron! La salle capitulaire, ce ravissant débris, allait tomber en 1822 sous le marteau ignorant de son dernier propriétaire, quand le département se décida à l'acheter.

Cependant les roues infatigables vous emportent toujours. Vous glissez rapidement sur les eaux blanchissantes d'écume, le long de vastes prairies au milieu desquelles se perdent, ou peu s'en faut, les rares maisons d'*Ambourville*, *Hénouville*, *Berville*, hameaux obscurs qui n'ont rien à vous raconter, et déjà, sur votre droite, vous voyez poindre à l'horizon la petite croix du clocher de *Duclair*.

Duclair.

Duclair compte 1,700 habitants; c'est un chef-lieu de canton qui ne laisse pas que d'avoir son importance, ne fût-ce que pour ses éperlans et ses aloses, car l'éperlan s'arrête là où s'arrête l'eau salée. Chaque mardi se tient à Duclair un marché très-considérable pour le commerce des grains et des volailles, sans compter trois foires annuelles qui ont lieu le mardi de Pâques, dans l'octave de la Fête-Dieu et le 10 octobre. Nous autres, qui passons en courant, nous n'apercevons guère de Duclair que ses quais, construits contre une ligne de falaises blanches, de roches crétacées qui présentent des formes bizarres et quelquefois imposantes. Il en est une surtout dont les dimensions énormes appellent les regards : c'est la *chaise de Gargantua.* Tous les mariniers de la basse Seine vous en parleront, sans trop savoir peut-être quel était ce Gargantua.

Des aloses de Duclair et du héros de Rabelais, nous arrivons, sans transition aucune, au gracieux souvenir d'Agnès Sorel, que nous jette au passage le *Mesnil-sous-Jumiéges.* Ce fut là qu'expira la *dame de beauté*, pendant que son royal amant, redevenu quelque chose de mieux que le *roi de Bourges*, travaillait à achever, sous les murs de Caudebec, l'œuvre commencée par Jeanne d'Arc, son bon génie. Le joli manoir du *Mesnil-la-Belle*, occupé maintenant par un bon laboureur, n'a plus rien de sa distribution intérieure; mais le dehors a été respecté, et ces murs gardent encore les chiffres *de la dame de beauté.* Surtout contemplez cette petite fenêtre ogivale du bord de l'eau. A cette ogive se tenait, blanche et calme, la belle Agnès, songeant à son bien-aimé Charles de France, et regardant du côté de Jumiéges, d'un regard attentif, si elle ne voit rien venir.

Vis-à-vis le Mesnil est *Yville*, dont les maisons s'entassent entre la Seine et les derniers arbres de la forêt de Mauny. De là jusqu'à la lisière de la célèbre forêt de Brotonne, le fleuve sert de limite aux deux départements de l'Eure et de la Seine-Inférieure. Sur cette ligne, vous trouvez d'abord le hameau de la *Roche*, plus loin celui du *Gouffre*, et ensuite le village de *Lendin*, situé au sommet des ravissantes collines qui encaissent la Seine, entre les forêts de Mauny et de Brotonne. Près de Lendin s'élève un joli château, remarquable surtout par la disposition de ses jardins. La situation est admirable ; c'est une des plus charmantes hauteurs de la rive gauche de la Seine.

Si charmant à voir que soit ce rivage, avec ses coteaux onduleux et sa verdoyante parure, ce n'est pas de ce côté pourtant qu'il vous faut jeter les yeux. Déjà paraissent, à votre droite, les hautes tours de *Jumiéges;* imposant coup d'œil, mine féconde de rêveries pieuses et de

L'abbaye de Jumiéges.

grands souvenirs. Ces murs abandonnés que vous voyez là-bas, s'élevant comme de blancs fantômes du milieu des ruines et de la solitude, et qui ne servent plus aujourd'hui qu'à signaler, de loin, leur route connue aux caboteurs de la Seine, s'entouraient autrefois de la triple auréole de la religion, de la science et du pouvoir. Jumiéges a vu les plus sauvages des rois francs, et les plus fiers parmi les ducs de Normandie, s'agenouiller humblement sur la dalle de son temple, et déposer, sous toutes les formes, au pied de ses autels, les offrandes d'une foi trop souvent inquiétée par le remords.

De ces écoles célèbres, fanal lumineux dans la nuit profonde de ces temps d'ignorance universelle, est sortie une vaillante armée d'historiens, de savants, de docteurs, de ces hommes révérés qu'on appelait les maîtres, et dont la parole remuait le monde. Les religieux de Jumiéges ont été les souverains de la région qui s'étend sous vos yeux. Au moment du grand partage des dépouilles saxonnes, le vainqueur de Hastings avait réservé à ces moines toute une île dans le comté de Norfolk. A Rouen, ils possédaient, avec la chapelle de Saint-Philibert, une des tours de la ville. Le Pont-de-l'Arche, cette jolie ville que vous avez saluée en passant, appartenait à l'abbaye de Jumiéges : dans un moment d'humeur libérale, ils en firent cadeau à Philippe-Auguste, qui se cherchait des points d'appui sur cette terre fraîchement conquise de la Normandie. Tout le poisson royal qui se pêchait à Tourville appartenait à l'abbaye. Ses gens livrèrent un jour bataille aux sires de Quillebœuf, qui leur disputaient... un esturgeon !

Ce n'est pas une courte histoire que celle de cette puissante maison. Fondée en 661 par saint Philibert, un des hommes puissants de la cour du roi Dagobert, l'abbaye de Jumiéges fut bientôt en grande faveur auprès des rois de la famille de Clovis.

A cette même époque se rapporte la fameuse légende des *énervés de Jumiéges*, restaurée, de nos jours, par un antiquaire normand. La chronique raconte que Clovis II, vainqueur de ses deux fils révoltés contre lui, les avait énervés, en leur *faisant cuire les jarrets*. Bientôt vint le repentir et la honte, à la vue de ses enfants étiolés et flétris d'un seul coup, au sein de leur jeunesse et de leur vigueur; — il fit mettre les deux jeunes gens sur un bateau que l'on abandonna au courant de la rivière, en présence de tout le peuple de Paris. Le courant les apporta à Jumiéges, où ils furent recueillis par l'abbé Philibert, qui leur donna une place parmi ses religieux. Ils vécurent résignés, et moururent enfin, sanctifiés par la prière et le repentir.

La froide et prosaïque critique aurait facilement raison du conte populaire : « Mais à quoi bon se battre contre la légende? » s'écrie M. Jules Janin dans son charmant livre. De cette merveilleuse histoire, le monastère avait conservé un curieux tombeau, l'objet de plus d'un mémoire à l'Académie des Inscriptions. Cette tombe représentait deux jeunes seigneurs, étendus, les mains jointes et revêtus de longues robes. Leur tunique intérieure, fermée sur la poitrine par une agrafe de pierreries, laissait le cou entièrement découvert, et leur tête, ornée d'une chevelure bouclée, était ceinte, en forme de diadème, d'un bandeau semé de pierres précieuses. — C'était le tombeau des *énervés de Jumiéges*.

Sous la race suivante, les moines de Jumiéges restèrent les alliés des rois. Pépin choisit leur abbé pour être son ambassadeur auprès des papes, dans sa fameuse négociation à propos « du roi de nom et du roi de fait ». Charlemagne leur donna à garder, après l'avoir dépouillé de ses États, le duc de Bavière, Tassillon, l'incorrigible rebelle. Louis *le Débonnaire* avait pour chapelain l'abbé de Jumiéges. Toute cette splendeur s'éclipse pour un instant à l'apparition des Normands. Les premiers Normands massacrent les religieux, pillent et renversent l'abbaye. Mais les fiers pirates, devenus en même temps grands seigneurs et chrétiens, ont bientôt rebâti ce qu'ils avaient démoli. Guillaume *Longue-Épée* et son fils Richard II relèvent l'abbaye de ses ruines, et lui rendent sa richesse perdue. Un jour, Richard II présenta à l'offrande un petit morceau d'écorce d'arbre : ce morceau représentait le bois et le manoir de Vienonois. Sous la protection puissante des ducs normands, Jumiéges eut bientôt retrouvé son ancienne prospérité. Les plus grandes familles envoyaient leurs enfants à ses écoles; à cette école savante fut élevé Édouard *le Confesseur*, le dernier roi anglais de race danoise. Ce fut à Jumiéges qu'Édouard envoya Harold, son grand sénéchal, pour renouveler, en son nom, le serment qu'il avait fait au père de Guillaume *le Bâtard*, de laisser au *Bâtard* le royaume d'Angleterre. A cette époque, l'illustre Guillaume de Jumiéges dédiait au *Conquérant* son histoire des ducs de Normandie. L'histoire de l'abbaye se prolonge ainsi à travers tout le moyen âge, brillante des plus grands noms, et semée d'événements merveilleux, de pieuses légendes, d'histoires touchantes et naïves, et de splendides donations.

Nous retrouvons au quinzième siècle, le puissant monastère donnant asile au roi Charles VII, et couvrant les amours royales de son ombre mystérieuse et complaisante. Fidèle jusqu'au bout à sa loyauté tolérante, Jumiéges avait fait une place au cœur d'Agnès Sorel, à côté des illustres morts dont il gardait les tombeaux : Clovis II et Batilde, saint Philibert, Rollon, Guillaume Longue-Épée, Charles VII enfin, le royal amant. Hélas! le touchant mausolée a été détruit et dispersé comme tout le reste. On peut lire encore, au balcon d'une maison de Rouen, l'inscription tumulaire du marbre qui le recouvrait : « *Dame de beauté, de Roqueferrières, d'Issoudun et de Vernon-sur-Seine, piteuse entre toutes gens, et qui largement donnait de ses deniers aux églises et aux pauvres, laquelle trépassa.* »

Ce qui reste à cette heure de la grande abbaye qui hébergeait les rois, est trop mutilé, trop informe pour que l'œil, de ces divers débris, reconstruise un édifice qui satisfasse la pensée. Mais la nature, dans son éternelle jeunesse, se fait une parure nouvelle des ruines que le temps frappe de sa faux. Qu'importe l'édifice où la ruine est demeurée? Voyez quel aspect saisissant et rêveur, quel trésor pour le poëte et le peintre, quel paysage complet et magnifique dans son imposante désolation! Je ne sais quel parfum de mélancolique poésie s'échappe du milieu de ces pierres, autrefois saintes, qui gisent éparses dans les hautes herbes. Le regard se promène avec une sorte de volupté mystérieuse le long de ces pierres en ruines ; le lierre jette son manteau de verdure sur ces pierres consolées, la fleur des champs grimpe sur ces ogives renversées, plus belles peut-être sous leur manteau de fraîche verdure, que si le temps, moins sévère, les eût laissées debout et triomphantes comme au premier jour.

Mais avançons et voyons de plus près. L'extrémité orientale n'est

Ruines de l'abbaye de Jumiéges.

plus qu'un monceau de débris : au centre, les restes encore subsistants de la lanterne laissent deviner les imposantes dimensions de la tour.

Le toit de la nef a disparu, aussi bien que le toit qui surmontait la voûte des collatéraux. Ces voûtes même, ébranlées, crevassées dans toute leur longueur, grossiront bientôt, par leur chute, l'amas de ruines accumulées au-dessous d'elles. Les tours du portail occidental sont encore debout, moins la toiture de l'un des clochers. Au pied des tours s'étendent les murailles sans toiture et souvent interrompues, de l'ancien monastère. — Voici ce qui reste de l'église! — Ses colonnes ne supportent plus de voûtes, et sa large nef est démantelée du côté de l'orient. Au midi de ce vaisseau, et dans une ligne parallèle, s'étendent les murs croulants de la chapelle de Saint-Pierre, longue seulement comme la nef du temple principal. Le chapitre et le dortoir des anciens moines occupaient les extrémités de cette seconde basilique. Un vaste cloître, au milieu duquel est resté un vieil if, les séparait de la salle des gardes de Charles VII : ceci est l'unique reste des appartements que *le Bienaimé* occupait à Jumiéges. — Dans cette salle immense, qui s'étend du nord au sud, à la hauteur du porche de l'église principale, de vieilles fresques, à moitié enlevées avec le revêtement qui les supportait, et dans lesquelles dominent surtout les couleurs tranchantes, rappellent les traditions antiques du monastère. Partout, sous ces voûtes habitées par les corneilles et les choucas, le passé se dresse et vous poursuit; partout vous rencontrez un souvenir, vous recueillez une pensée grave et pieuse. A travers les crevasses de la pierre on aperçoit çà et là, suspendus dans les encaissements de la muraille, des amas d'ossements blanchis, arrachés jadis, à défaut d'autres matériaux, aux charniers du monastère, catacombe aérienne que le vent disperse à vos pieds, et qui va, roulant avec un bruissement sinistre, sur ce sol encombré de tant d'autres débris.

« Pour les bien voir, ces ruines sauvées par le zèle d'un savant anti-« quaire [1], attendez que la lune de novembre perce le nuage; peu à

1. M. Caumont de Jumiéges.

« peu la pâle obscurité laisse surgir des formes, des images, des rêves.
« Le limpide rayon va pénétrer ces pierres lamentables, il va couvrir
« de sa chaste clarté cette voûte affaissée sur elle-même ; il va éclairer
« dans cette nuit funeste ce qui reste des magnificences d'autrefois :
« alors, si vous êtes pieux, c'est le cas de prier le Dieu chassé de cet
« asile, ou, si vous n'êtes qu'un grand politique, vous irez, rêvant à la
« chute des institutions les mieux faites. Que si vous êtes tout simple-
« ment un poëte, sous ces voûtes fantastiques, sur cette tombe d'Agnès
« retrouvée par miracle, à la place où s'élevait l'autel, derrière ces
« buissons qui s'agitent au souffle des morts, vous évoquerez la scène
« terrible du quatrième acte de *Robert le Diable*, le chef-d'œuvre de
« Meyerbeer [1]. »

Nous autres, qui sommes de simples voyageurs, et pressés d'arriver, reprenons en toute hâte notre route interrompue par cette halte attrayante. En face de Jumiéges, vous avez sous les yeux une autre ruine, moins poétique toutefois : c'est la *Harelle*, ancienne forêt submergée par la marée, et qui n'est plus à cette heure qu'une vaste tourbière, dont le terrain fuyant a fait jurer plus d'une fois les charretiers de halage.

La Harelle s'étend jusqu'à *Guerbaville*, le chantier maritime de la Normandie. Là ont été construits, depuis quelques années, les plus beaux navires armés pour le commerce de Rouen. C'est là que se font presque tous les alléges qui remontent, du Havre à Rouen, les marchandises dont le transport ne peut pas s'opérer par de gros bâtiments. L'importance de Guerbaville tend chaque jour à s'accroître. On doit ouvrir, à cette place très-fréquentée, une nouvelle route départementale qui ira rejoindre, en droite ligne, à Routot, le chemin de Rouen à Caen. Une autre route arrive de Pont-Audemer, et va franchir la Seine au bac de la Meilleraye, en longeant Guerbaville.

1. *La Normandie*, page 559.

Prenez l'une ou l'autre de ces routes. Toutes deux traversent dans sa plus grande longueur la vaste forêt de Brotonne, et vous conduisent sous ces vieux chênes aux éloquents ombrages, aux grands souvenirs. Les vieilles chroniques de la chevalerie de France parlent souvent de la forêt de Brotonne. La Seine baigne en ce lieu-là 5,000 arpents de chênes, dix fois centenaires.

La Meilleraye.

De Guerbaville on aperçoit, s'élevant sur le bord de la Seine, les hautes terrasses et les constructions irrégulières du château de la ***Meilleraye***, autrefois ***Meslcrée***, et plus anciennement encore ***Mespiletum***.

Mais la sèche érudition sied mal en présence de ces doux rivages, chantés par ce poëte tendre et rêveur qu'on appelait Bernardin de Saint-Pierre. — Voici d'ailleurs un autre souvenir, un autre écho charmant, sous ces voûtes que les brises remplissent, en passant, du nom de La Vallière. C'est à la Meilleraye, dit-on, qu'elle se prit à aimer le jeune roi.

Maintenant si vous voulez suivre les *ciceroni* du lieu, ils vous montreront dans ce parc aux allées touffues et bien taillées, dont vous admirez d'ici les belles dispositions, une ferme à la manière de Trianon, jetée de la façon la plus pittoresque au milieu de hautes futaies, une ménagerie d'oiseaux aquatiques, parqués dans de vastes étangs, un ermitage, un colombier, un parasol, que sais-je? un pavillon oriental, toutes les mignardises, en matière de jardinage, inventées pour la plus grande satisfaction du siècle passé.

Ce domaine si coquet, si bien peigné, conservé dans ses moindres détails avec un soin si religieux, appartient aujourd'hui à madame de Mortemart. La terre de la Meilleraye fut érigée en marquisat, par lettres patentes du mois de décembre 1563, en faveur de Louis Bretel de Grimonville. Ajoutons, pour compléter son histoire, qu'elle a vu naître M. Bignon, l'illustre député, l'un de ces travailleurs intrépides et consciencieux qui portent à la chambre le poids du jour et de la chaleur, qui font à petit bruit les affaires du pays dans le silence des commissions, et dont la parole est toujours la bienvenue à la tribune, parce qu'elle est toujours utile et désintéressée.

Merveilleux contrastes du voyage ! Nous vous parlions tout à l'heure de gouvernement représentatif, de madame de La Vallière et du dix-huitième siècle, et nous voici tout d'un coup en plein moyen âge : nous arrivons en face de *Saint-Wandrille.*

Regardez bien ce joli village, si gracieusemont assis au milieu de la charmante vallée de Caudebec, qui étale devant vous ses frais ombrages et ses ruisseaux jaseurs. Derrière ces arbres et ces maisonnettes, au milieu de ce paysage riant et champêtre, se cache une grande ruine du temps passé, et cette ruine éloquente et sérieuse, c'est encore un monastère, le monastère de Saint-Wandrille.

A propos de Saint-Waudrille, il faudrait vous redire tout ce que nous avons dit de Jumiéges. C'est la même histoire et la même fortune. Fondé en 684 par saint Wandrille, parent du roi Clovis, le monastère s'appelait d'abord Fontenelle, *Fontanella*, doux nom emprunté au ruisseau qui l'entourait de son eau capricieuse. Sous ce nom de Fontenelle, la grande abbaye, dont il ne reste plus que quelques pierres, fut un des berceaux de la civilisation moderne. De là se sont élancés, Wulfran à leur tête, des bataillons entiers de ces intrépides missionnaires qui, au prix de leur sang, ont fait de la Germanie barbare une Allemagne chrétienne, et dont le dévouement obscur a préparé, aidé, consolidé l'œuvre si vantée des Carlovingiens. Dans cette lutte de quelques prêtres, contre cette race indomptée et sauvage qui tenait suspendue, sur l'Europe à peine remise de ses secousses, une éternelle menace d'invasion, Wulfran s'était réservé les Frisons, les plus rudes guerriers, les plus obstinés païens... les Frisons le massacrèrent. Après les martyrs, les doctes, et parmi ceux-ci il faut citer Anségise, celui qui le premier a recueilli les *Capitulaires* de Charlemagne et de Louis le Débonnaire.

Rappelons aussi que le dernier rejeton de la souche mérovingienne, Théodoric, le fils du roi détrôné par Pépin, était venu mourir dans l'abbaye de Fontenelle.

Puis viennent les Normands, et nous retombons dans les scènes de désolation dont le souvenir nous poursuit partout, sur ce beau rivage. L'abbaye, renversée, demeura ensevelie sous ses ruines jusqu'au onzième siècle, où saint Gérard releva enfin les saintes murailles. Alors *Fontenelle* quitta le nom de son ruisseau pour prendre celui de son fondateur. Du bâtiment construit par Gérard de Wandrille, dans le style d'architecture romane du onzième siècle, rien ne reste aujourd'hui ; en 1250 un incendie a tout dévoré. Les débris actuels ne datent que du quatorzième siècle. Ç'a été le sort de toutes ces gigantesques constructions du moyen âge d'avoir été bâties, détruites et rebâties souvent trois et quatre fois ; et quand on vient à s'étonner de ce nombre prodigieux de pierres soulevées à ces époques par la foi chrétienne, il faut encore les multiplier par la pensée, et convenir que nous

Ruines de l'abbaye de Saint-Vandrille.

en voyons à peine une faible partie. Toutes ces phases monumentales de l'abbaye, vous les retrouverez dans le *Chronicon Fontanellense*, *Chronique de Fontenelle*, l'œuvre érudite et patiente d'un de ses religieux, dom Luc d'Achéry, nom inscrit aux premiers rangs de l'illustre phalange des Bénédictins. La nef de l'église, magnifique chef-d'œuvre d'architecture gothique, chef-d'œuvre surpris trop tôt par la renaissance, n'a jamais été close et voûtée que jusqu'à la troisième travée. Le logis abbatial, les deux églises de Saint-Pancrace et de Saint-Paul, furent détruits, en un jour de révolte, par les moines eux-mêmes. En 1631, la tour de la grande église s'affaissa subitement sur les quatre gros piliers qui la supportaient, renversa une partie du chœur, et écrasa la nef tout à plat. Pendant seize ans, l'église conserva les empreintes du désordre affreux de cette journée ; elle ne fut rendue au service divin qu'en 1647. — Les réparations ne furent terminées que quatre-vingts ans plus tard.

De nos jours, les maçons ont mis une dernière fois la main à la vieille abbaye. Ils ont arrangé à l'usage des ouvriers de chaque jour, le cloître et le réfectoire des anciens religieux. Une filature de coton, une machine à vapeur de la force de six chevaux, tiennent aujourd'hui la place des trois cents moines qui, dans les anciens temps, y répandaient le mouvement et la vie. En dépit de l'industrie, qui ne respecte rien du passé, ces belles ruines commandent encore le respect et l'admiration. Le cloître est resté une des plus rares magnificences de l'ère chrétienne. A son extrémité orientale s'ouvre une jolie porte en ogive, du plus pur gothique, par laquelle on pénétrait autrefois dans l'intérieur de l'église. Près de cette porte se dresse encore, sous son dais sculpté à jour, une grande statue de la Vierge, oubliée là par le temps.

Tout le pays autour de Saint-Wandrille était couvert d'églises, d'oratoires, de pieux monuments, élevés en foule par les moines et les pèlerins. Sur la colline qui s'élève au nord de la vallée, et qui porte, dans quelques vieilles chartes, le nom assez profane de Mont-aux-Vignes, vous apercevez encore l'antique ermitage de Saint-Saturnin. Saint-Saturnin conserve encore quelques restes très-curieux d'architecture romaine.

A cinquante pas, à l'est de l'abbaye, s'élevait jadis la célèbre église de Caillouville, peuplée de tant de statues qu'on l'avait surnommée, dans le pays *Caillouville, le rendez-vous du paradis*. On y venait en pèlerinage, chercher de l'eau d'une fontaine miraculeuse. L'église a disparu et aussi les statues ; mais la fontaine est toujours à sa place ; bien plus, elle a gardé sa vertu. Tous les premiers vendredis du beau mois de mai, une foule immense de peuple se rassemble encore autour du modeste calvaire qui a remplacé tant de belles choses. L'eau mira-

Morel fatio del^t. Outhewaite sculp.

CAUDEBEC

culeuse se paie cinq à six sous la pinte, à son propriétaire normand... Il faut bien que la foi se réfugie quelque part.

Mais, pendant que nous flânons ainsi sur le rivage, déjà le fleuve élargit ses rives, la brise fraîchit, l'eau se gonfle : voici bientôt la mer. A la Mailleraye, nous avons franchi la première *posée* de la Seine, en descendant de Rouen. Dans les marées où l'eau manque aux passes de *Caudebec*, les bâtiments attendent en ce lieu. L'insouciance nonchalante du marin d'eau douce commence à disparaître chez les quelques hommes qui sont l'âme de cet océan sur lequel vous les apercevez à peine, perdus qu'ils sont dans la foule. L'œil est plus vif, le pied plus alerte. Au regard attentif et sérieux que le capitaine jette de temps à autre, sur la ligne suivie par le bâtiment, vous reconnaissez que vous ne faites plus une simple promenade. A mesure que le fleuve allait s'élargissant, le chenal s'est rétréci; çà et là vous pouvez découvrir presque à fleur d'eau, les terribles bancs de sable qui ont englouti tant de navires.

Il est vrai que cette joie de contempler l'admirable paysage qui fuit devant vous, vous a fait oublier bien vite ces dangers sur lesquels d'autres veillent attentifs. Nous touchons aux passes redoutées de Caudebec, elles vous occuperont moins que la ville, j'en suis sûr.

Avouez aussi que rien n'est mieux fait, pour attirer le regard, que cette charmante petite ville posée sur le rivage d'une façon si pittoresque, à l'ombre d'une montagne boisée, juste au débouché de la jolie vallée qu'arrose la rivière de Sainte-Gertrude qui vient, par plusieurs affluents se jeter dans la Seine. La coquette mire dans les eaux ses quais plantés de grands arbres, et ses belles maisons blanches, aux terrasses couvertes d'arbustes et de fleurs. — On dirait une ville italienne vue de loin.

Cette ville si riante et si bien posée a été pourtant une place de guerre autrefois, et non pas des moins difficiles à prendre. Contre le roi anglais Henri V, vainqueur de toute la province, Caudebec s'est défendu vaillamment, et Rouen était anglais depuis six mois, que Talbot et Warwick, les deux héros de l'armée, se morfondaient encore dans cette tranchée. Charles VII assiégeait cette ville, quand Agnès mourut au Mesnil. Plus tard, nous y trouvons les protestants, qui en avaient fait une de leurs places de guerre. Ce fut sous les murs de Cau-

Vue de Caudebec.

debec, où il fut blessé, que le duc de Parme exécuta, en 1592, cette fameuse manœuvre qui enleva au Béarnais les fruits d'une longue et pénible campagne, en mettant la Seine entre lui et un ennemi réduit aux abois. Les fortifications ont disparu depuis plus d'un siècle et demi; elles ont fait place à ce charmant amphithéâtre de pelouses et de jardins.

De l'ancien Caudebec deux choses sont restées : le port et l'église.

Église de Caudebec.

Le port a bientôt mille ans d'existence. Il a engendré la ville, sortie du milieu des cahutes de pêcheurs, et qui garda longtemps l'entrepôt des pêches de la Seine. En souvenir de ces pêches miraculeuses, Caudebec portait sur ses armes, à fond d'azur, trois éperlans d'argent. Puis tard, elle a demandé et obtenu l'autorisation de remplacer les trois éperlans par deux saumons. Notez que cette précieuse autorisation, que l'on pourrait croire du temps des croisades, est tout simplement de l'an *de grâce*, c'est le cas de le dire, 1826.

Quant à l'église, charmante création du quinzième siècle, tout son éloge pourrait tenir dans un mot de Henri IV, qui n'était pas, que je sache, grand enthousiaste des vieux monuments. « C'est la plus belle chapelle que j'aie jamais vue! » s'écria le huguenot quand il arriva devant le grand portail, chef-d'œuvre d'élégance et de délicatesse : sur ce portail l'art de tailler la pierre semble avoir épuisé ses raffinements les plus exquis. Du sommet de la tour s'élance une flèche hardie, de forme pyramidale, entourée de trois couronnes qui rappellent la tiare romaine. Dans la chapelle de la Vierge, merveille digne de la tour et du portail, vous rencontrez un superbe pendentif, fantaisie délicieuse d'un art poussé à bout par sa propre perfection, et qui invente la difficulté pour la vaincre. Malheureusement ce bel édifice n'a pu échapper tout entier à la destruction. L'œil y cherche en vain le magnifique jubé qui décorait autrefois l'intérieur, et cette pyramide, admirable de sculpture, que l'on avait élevée auprès du grand autel. En revanche, l'église s'est enrichie d'une relique adorable, ramassée dans le pillage des dépouilles de Jumiéges. Vous voyez cette table de marbre toute simple et toute nue! c'est une pierre du tombeau d'Agnès Sorel. La gracieuse fille de la Loire a semé son doux nom et son souvenir aimé, sur tous les rivages du fleuve normand.

Caudebec avait autrefois son importance industrielle. Ses fabriques de gants en peau de chèvre, ses tanneries, étaient célèbres. Sa chapellerie, entre autres, a eu les honneurs d'un vers de Boileau :

> Pradon a mis au jour un livre contre vous,
> Et chez le chapelier du coin de notre place,
> Autour d'*un Caudebec*, j'en ai lu la préface.

Toute cette activité manufacturière était due à l'industrie protestante... la révocation de l'édit de Nantes fut son coup de mort.

La mer, qui gronde à quelques lieues d'ici, joue aussi son rôle sur ce rivage où s'abritaient les pêcheurs du moyen âge. Au delà du port, au bas des rochers qui bordent le fleuve, s'élève une petite chapelle du treizième siècle, dont le nom vous dit d'avance que des marins ont passé par là. C'est *Notre-Dame-de-Barre-y-va.* Ses murs disparaissent sous les tableaux votifs promis à la Vierge en pleine tempête.

En face de Caudebec, il y avait autrefois une île nommée Belcinac, qui appartenait aux moines de Saint-Wandrille, seigneurs et maîtres de Caudebec. La marée emporta l'île, un jour, avec le monastère que l'on y avait bâti. En 1641, l'île reparut tout à coup, et puis elle s'engloutit une seconde fois, pour tout de bon.

Ainsi causant du fleuve et du passé, nous arrivons sur *Villequier*,

Villequier.

la *seconde posée* de la route. Quelquefois, dans les basses mers, les bâtiments qui descendent de Rouen sont forcés de rester plusieurs jours, à l'ancre devant Villequier, en attendant que le retour des hautes marées, le *revif*, comme disent les marins, donne assez de profondeur au lit du fleuve entre Villequier et Quillebœuf. Trente-neuf pilotes-lamaneurs et huit aspirants attendent ici les bâtiments qui arrivent de la mer, pour les conduire, à travers les écueils dont le lit du fleuve est semé, jusqu'à la Mailleraye. Mais pour nous, ce qui nous importe le plus de Villequier, c'est sa position charmante, c'est le paysage enchanteur qui encadre son humble clocher et ses pittoresques maisons. Le bourg forme comme une longue rue parallèle au cours de la Seine, qui serpente au pied de deux coteaux boisés et d'un aspect ravissant. Dans l'intervalle qui les sépare se dessine l'élégante silhouette du château de la famille de Villequier, habitation toute moderne, qui se fait admirer pourtant, à défaut d'ogives et de tourelles, par la beauté de ses perspectives et l'étendue de ses jardins.

Sur la gauche, à quelque distance de Villequier, est situé *Vatteville*, dont les maisons se confondent avec les maisons d'une série de petits hameaux : *l'Anhle*, *le Plessis*, *la Rue*, *la Neuville*, *le Quesnoy*, qui vont se prolongeant le long de la Seine. A Vatteville, les rois de la première race ont possédé un château de campagne ; mais le temps, qui ne respecte guère que la vérité et la gloire, a dissipé ces ruines. Les antiquaires les plus intrépides ne sont même pas parvenus, jusqu'à présent, à retrouver l'emplacement de ce château.

Plus heureux, *Aizier*, chétif village qui s'adosse un peu plus loin, sur la même rive, à l'extrémité de la forêt de Brotonne, a conservé du moins un vieux pan de muraille, déterré sur le bord de la rivière, et qui établit, à n'en pas douter, l'existence d'une voie romaine à travers la vallée de la rive gauche.

Par exemple, si vous voulez fouler une véritable poussière romaine, passez de l'autre côté du fleuve. Tout à l'heure, quand vous serez arrivé à la hauteur de Quillebœuf, en suivant du regard le cours capricieux de la petite rivière qui se jette dans la Seine, vous decouvrirez, tout au fond de la riante vallée dans laquelle elle s'enfonce en serpentant, un clocher effilé et tout un coin de ville. Cette ville, c'est *Lillebonne.* Vous dire que cette pauvre petite cité, où vous ne trouverez que des tanneries et quelques fabriques, est bien la splendide *Julia Bona* que les Romains avaient bâtie en l'honneur de la fille de Jules César, on n'oserait.

Toujours est il qu'elle en recouvre les ruines. — Les nombreuses voies romaines, incontestables cette fois, qui y conduisent, et les pierres monumentales que chaque fouille ramène à la surface, en sont des preuves irrécusables. L'avide curiosité des antiquaires a interrogé plus d'une fois ce sol historique, sans parler de la spéculation qui a su aussi en tirer parti; mais c'est en 1826 qu'ont été entreprises les fouilles les plus importantes. On a fini par retrouver les vestiges d'un magnifique théâtre élevé par l'empereur Auguste; ce théâtre de *Julia Bona* n'avait pas moins de 330 pieds de façade et 625 de pourtour circulaire, — les restes d'une acropole, ceux d'une salle de bains et d'un monument dédié à un fils d'Antonin le Pieux, la statue de Faustine, sa femme, une statuette d'Hercule, des sépultures, des médailles, des masques scéniques, des épées formidables; puis, çà et là, une foule de débris du moyen âge, antiquités secondaires, tombées dans cette poussière pour augmenter le désordre et la confusion de ces choses anéanties.

Le moyen âge a laissé son empreinte à cette place Les ducs de Normandie avaient fait de Lillebonne une de leurs résidences favorites, Guillaume *le Conquérant* y prépara sa grande expédition. Il habitait un château que l'on peut voir encore au nord de la ville, et qui appartient aujourd'hui à la vieille famille d'Harcourt, les anciens seigneurs de Lillebonne. Sous Henri Ier, Lillebonne figura parmi les quinze places les plus importantes du duché de Normandie. Tout cela est encore peu de chose, auprès de la splendeur de *Julia Bona.* La superbe cité romaine était en pleine décadence dès le quatrième siècle. Devenue

Caletus, la capitale du pays des Calètes (du pays de Caux), elle en imposait si peu, quelques cents ans plus tard, que les moines de Fontenelle s'en firent une carrière de pierres toutes taillées, quand ils élevèrent leur église de Saint-Michel.

Mais il s'agit bien ici des Romains et de leurs reliques : nous avons atteint la mer ! La mer, elle a commencé à *Aizier*, le point extrême de l'embouchure du fleuve et l'un des passages les plus redoutés de cette navigation. Ce n'est plus l'eau de la Seine, c'est la vague, la vague tant rêvée au départ, qui nous a portés, comme nous passions devant *Vieux-Port*, *Petit-Ville*, *Notre-Dame-de-Gravenchon*, ces jolis villages que nous laissons derrière nous. Ne tremblez pas trop, mesdames; la main du timonnier est sûre, et la vapeur se rit des obstacles. Nous sommes cependant à l'endroit où sévit la terrible *barre* de Quillebœuf, l'effroi des plus hardis marins, et tous ces mâts naufragés que vous voyez poindre çà et là, tout autour de vous, sur la surface des eaux, vous disent assez pourquoi. Or, voici ce que c'est que la barre :

Le fleuve, à son embouchure, présente une baie large et profonde, commençant entre *Honfleur* et *le Havre*, sur une largeur de 8,000 mètres, réduite à 5,000 entre *le Hode* et *Berville*, puis à 1,600 mètres à Quillebœuf, puis enfin à 720 mètres à *Petit-Ville*, qui n'en est éloigné que d'une lieue et demie, en amont. L'immense masse d'eau que la marée apporte dans cette vaste baie, trouve donc, arrivée au Hode, la section brusquement rétrécie par le rapprochement des rives, ainsi que par l'immense élévation des bancs dont son lit est encombré. Il se forme alors, surtout en *vive eau* (dans les hautes marées) et par un vent violent, une vague transversale, appelée *la barre*, qui s'élève en déferlant au-dessus des eaux. Elle s'avance avec un bruit énorme et prolongé, couverte de mousse et d'écume; elle s'engage au milieu des bancs, et franchit avec la rapidité d'un cheval de course leurs passes étroites. On l'entend gronder quarante minutes avant son apparition, et enfin quand elle arrive à cet étranglement du lit de la Seine, formé par le rapprochement des deux rives et par le défaut de profondeur du chenal, elle bondit avec une violence terrible emportant tout ce qu'elle rencontre sur son passage. A l'époque des équinoxes, de la pleine lune et de la nouvelle lune, ses ravages sont affreux. Le même phénomène se reproduit à l'embouchure de la Garonne, où les marins lui ont donné le nom de *Mascaret*.

La barre ne commence à se faire sentir qu'à la hauteur de *Berville;* elle est plus apparente entre la pointe de la Roque et le *Nez de Tancarville*. C'est à *Quillebœuf* qu'elle paraît avoir atteint sa plus grande énergie. Refoulées devant la pointe de Quillebœuf, par le banc de Tôt, les eaux forment une seconde barre que les marins appellent *barre du Nord*, et qu'ils redoutent plus que la première. C'est cette barre qui vient battre la ville, et brise parfois, contre ses quais, les bâtiments amarrés dans le port. Au-dessus de Quillebœuf les efforts du flot sont moins violents, bien qu'il ne se fasse pas faute de submerger, à ses heures de caprice, les quais même de Caudebec. Vous vous souvenez ici de Belcinac, l'île des moines. La barre remonte le fleuve jusqu'à Jumiéges, et même jusqu'à Rouen; mais à Duclair expire, avec sa furie, l'effroi qu'elle apporte avec elle.

Les amas de cailloux et de sables mouvants que les courants promènent de place en place dans ce parage périlleux, recèlent des flottes entières dans leurs flancs maudits. Lorsqu'un navire échoue par le travers, il est perdu. La barre impétueuse, indignée de l'obstacle, se fraie violemment un passage à travers ce fond sans consistance, et creuse sous la barque imprudente, un abîme qui l'engloutit.

C'est ainsi que le 8 janvier 1790, ces eaux turbulentes ont vu périr devant Quillebœuf, presque en face du magasin de sauvetage, ce fameux navire, le *Télémaque*, qui portait, s'il fallait en croire les avides rumeurs de la foule, les millions fabuleux, ramassés par le roi infortuné, Louis XVI. Pauvre roi martyr! sur le bord de l'abîme où allait le plonger *la barre* de cette révolution sans pitié, il ne songeait guère à sauver quelque argent du royaume de ses pères! Pourtant la fortune du

Télémaque naufragé était passée à l'état de tradition, et les bonnes gens n'ont pas eu de cesse qu'ils n'eussent joué leur bel argent, contre ces prétendus trésors. Grâce à ces chercheurs de trésors, on sait aujourd'hui à quoi s'en tenir. Le sauvetage du *Télémaque* a repris à l'onde avare... une cargaison de planches pourries, et restera comme une des plus curieuses déceptions que doivent conserver les fastes de la commandite. Malheureusement, son malencontreux appareil reste en travers du chenal qu'il embarrasse, et Dieu sait si nos marins avaient besoin d'un danger de plus.

En présence du grand drame qui, chaque jour, se joue à cette place entre l'homme et la nature, vous ne songez guère à demander à *Quillebœuf* les événements de sa vie de petite ville. Il faut pourtant vous les raconter, si minces qu'ils soient. La ville fit partie du domaine des ducs de Normandie, jusqu'à Guillaume Longue-Épée, qui la donna à l'abbaye de Jumiéges. Henri IV eut de grands projets pour Quillebœuf. Il le fit agrandir, l'entoura d'un rempart, lui donna le privilége du pilotage de la Seine, et par-dessus le marché, le nom d'*Henriqueville*. Il voulait en faire la tête de défense du cours de la Seine, si bien défendu par ses sables et ses hauts-fonds. — De tous les dons du Béarnais, la ville ne garda que ses pilotes, qu'elle garde encore. A peine régente, Marie de Médicis fit raser les fortifications, tout fraîchement sorties de terre. Quelques années après, en 1616, le maréchal d'Ancre, sentant venir la mauvaise fortune, voulut aussi fortifier cette ville de Quillebœuf, dont il était gouverneur, et déjà les maçons étaient à l'œuvre quand le maréchal fut tué, volé et dévoré, de par le roi, sur le pont du Louvre, par les bons soins de M. de Luynes, le fauconnier du roi — D'où il suit, qu'évidemment la destinée de Quillebœuf n'était pas de jouer un rôle politique.

Sous Louis XIV, nous y retrouvons l'imperceptible conspiration de Latréaumont, ce vil bandit dont on a fait le héros assez maltraité d'un mauvais roman, et d'une mauvaise comédie. — Ce Latréaumont voulait tout simplement livrer Quillebœuf à la Hollande, et par la Hollande (quel chemin !) rendre à M. de Rohan sa charge de grand veneur, sinon quelque chose de mieux. C'était la manière de raisonner des politiques de ce temps-là. Tout le monde sait aujourd'hui, grâce à M. Eugène Sue, ce qu'il est advenu de la conspiration de Latréaumont.

Aujourd'hui, Quillebœuf est une honnête petite ville, un chef-lieu de canton, ne vous déplaise, mal bâtie, mal percée, riche de 1366 habitants... ce qui ne l'empêche pas de s'intituler fièrement *la capitale du Roumois*. En fait de curiosités, on peut vous montrer la *tranchée* du maréchal d'Ancre, dernier vestige des rêves ambitieux de ce favori sans mérite, et l'église, antique construction romane, bâtie à l'image de la ville,

Quillebœuf.

humble et solide, taillée surtout pour faire tête aux orages. La gloire et la richesse de Quillebœuf, c'est son corps renommé de pilotes, braves gens, toujours prêts à la lutte ; les yeux fixés sur la barre, leur terrible ennemie, ces héros modestes ont vu passer les siècles et les révolutions, sans rien changer à leurs mœurs, à leurs allures, aux vieilles institutions du temps passé. Aujourd'hui, comme jadis, comme toujours, l'association des pilotes de Quillebœuf se compose de quatre-vingt-dix-neuf maîtres, ni plus, ni moins. Le roi est, de droit, pilote-né de Quillebœuf... Il nous semble que bien peu de pilotes tiennent le gouvernail d'une main plus ferme que le pilote couronné de Quillebœuf.

Quillebœuf est la troisième *posée* de la Seine. Les bâtiments qui arrivent du Havre peuvent encore doubler le passage, quand le vent et le flot sont de bonne composition, et s'en aller d'une haleine, c'est-à-dire d'une seule marée, jusqu'à Villequier. Mais ceux qui descendent le fleuve, forcés d'attendre la pleine mer pour franchir la fatale traverse d'Aizier, n'arrivent à Quillebœuf qu'à la marée basse, et sont forcés d'y séjourner.

Nous que la vapeur emporte, nous allons toujours, et nous avons dépassé déjà les marais de *Badicatel*, ces vastes terrains jetés entre la Seine et la chaîne de collines qui va, de la vallée de Lillebonne au *Nez de Tancarville*. A l'extrémité de cette chaîne, vous apercevez, sur une falaise tapissée de verdure, une roche conique de 200 pieds de hauteur. C'est la *Pierre-Gante*, ou Pierre-Géante. A voir cette masse énorme, se tenant pour ainsi dire en équilibre sur un aussi faible point d'appui, on pourrait croire qu'elle va s'écrouler au premier souffle venant de la mer; mais depuis le commencement des siècles la roche défie l'océan.

A peu de distance au-dessous du rocher de Pierre-Gante, la rive gauche de la Seine forme un promontoire escarpé qui semble vouloir disputer le passage au fleuve; contre ce paysage viennent se briser les efforts naissants de la barre. A l'ouest de ce cap, immense bouquet de verdure qu'on appelle le Nez de Tancarville, s'élève, à l'ombre d'une tour en ruine, le village de Tancarville; à l'est, en vue de Quillebœuf, se groupent, sur le rivage, quelques jolies chaumières, où chaque été ramène une population d'artistes qui viennent planter en ce beau lieu leur tente et leur chevalet. Par-dessus les chaumières et le village, s'élève comme une sentinelle avancée, au sommet de la falaise, l'antique manoir des sires de Tancarville, jadis les chambellans-nés des ducs de Normandie.

Ce vieux château, qui a gardé ses tours massives, ses créneaux et son aspect menaçant, a vu passer bien des générations illustres. Les Tancarville, ses premiers maîtres, les fiers barons normands, ont été de toutes les fêtes et de tous les combats de la chevalerie de France. Tout ce pays est encore plein de leur histoire. Vous apercevez d'ici le marronnier du Préau, sous lequel le suzerain venait s'asseoir, quand il

Château de Tancarville.

rendait la justice à ses vassaux. Il existe, sur ces falaises, un vieux moulin pour lequel s'éleva grande noise, au temps de Philippe le Bel, entre le baron de Tancarville et les ducs d'Harcourt, qui s'en étaient cavalièrement emparés, les armes à la main. On se battit à Lillebonne ; puis messire Enguerrand de Marigny vint assigner les deux barons à comparaître devant le roi. « Or, comme ils allaient à court, dit la « chronique, le sire de Harcourt trouva le chambellan, lui courut sus « et lui crêva du doigt de son gantellet, l'œil senestre, puis s'en re- « tourna à ses gens. Quand le chambellan fut guéri, il alla devant le « roi, et appela de gaige le dit sieur de Harcourt. La bataille fut ad- « jugée, et vint le sire de Harcourt en champ, armé de fleur de lys, et « se combattirent les deux barons, très-fièrement. Le roi d'Angleterre « et le roi de Navarre, qui étaient présents, dirent et prièrent au roi « de France que la bataille cessât, et que dommage serait si de si vail- « lants hommes comme ils étaient se tuaient l'un ou l'autre, dont fut « crié : hô ! de par le roi de France, et furent tous deux faits contants, « et par les dits rois fut la paix faite vers l'an 1300. » Avant le raccommodement, le sire d'Harcourt fut condamné à une amende de 50 livres tournois. Pour un œil, c'était peu de chose, mais trois rois y avaient mis la main !

Le dernier Tancarville périt à Azincourt, dans ce grand massacre de la noblesse française par lequel s'éteignirent tant de vieilles maisons féodales. Sa fille unique porta le comté de Tancarville dans la maison d'Harcourt, l'ancienne rivale de cette famille. Une autre fille l'apporta en dot au fameux Dunois. Plus tard, le château de Tancarville fit partie de l'apanage des ducs de Longueville. — A dater de cette époque, la vieille baronnie, dont le roi Jean avait fait un comté en 1352, n'a plus qu'une existence secondaire, et ne figure que sur des contrats de mariage. Le château était la propriété de Louis de La Tour-d'Auvergne, comte d'Évreux, quand l'Écossais Law, le père célèbre de l'*agiot*, en eut fantaisie et le coucha sur l'inventaire de sa fortune monstrueuse. A la chute des actions du Mississipi, le château se trouva appartenir à l'hôpital du Havre, qui l'affermait au prix de 350 francs. O Tancarville! qu'eussent dit vos grandes ombres? Cela dura jusqu'en 1825; mais, enfin, ces nobles et curieux débris sont retournés à la famille des Montmorency, comme un fleuron de leur couronne ducale égaré dans les révolutions.

A mesure que nous avançons vers la mer, le rivage s'enfuit, et le regard ne sait plus guère où se porter. Ce n'est pas que l'intérêt manque à ces rives, toutes semées de riants paysages et de merveilleux souvenirs. A votre droite, vous avez *Saint-Vigor d'Imonville*, le cap de *la Hode* avec sa caverne profonde, d'où sont sorties mille terribles légendes; *Sandouvilles, Oudalles*; sa vigne était célèbre du temps des moines de *Fraville; Fonfreville-d'Orcher*, charmant village situé sur le point culminant de cet admirable plateau du pays de Caux, le pays par excellence riche, verdoyant et plantureux.

Au sommet de ces roches décharnées s'élèvent, à l'est du village, les lourdes constructions du *château d'Orcher*: Orcher fut aussi la propriété de l'Écossais Law, après avoir été la propriété de Robert d'Orcher, l'un des chevaliers qui accompagnèrent Robert *le Diable* en Palestine. A une époque encore plus reculée, on voyait en ce lieu une forteresse qui défendait l'entrée du fleuve. Aujourd'hui le château d'Orcher appartient à madame de Mortemart, qui en fait royalement les honneurs, laissant les portes de son beau parc ouvertes aux promeneurs. Et notez qu'il ne s'agit pas ici seulement de quelques rêveurs silencieux : c'est le Havre tout entier, malgré la distance, qui a été mis en possession de ce magnifique domaine. Aux jours de fête et de soleil, la foule vagabonde et tumultueuse vient s'ébattre à travers les vertes pelouses et les grandes allées, avide qu'elle est de contempler le merveilleux spectacle qui s'offre aux regards enchantés, du haut de la terrasse, située sur l'escarpement de la falaise. A votre gauche, se déroulent, gracieux méandre, les contours gigantesques de l'embouchure de la Seine; à votre droite, s'étend l'Océan immense, les coteaux boisés, les vallées pittoresques, les rivières argentées, les vertes campagnes de la rive opposée, qui se prolonge au loin, du Marais-Vernier à Honfleur, et de Honfleur à la mer.

Le *Marais-Vernier*, vaste tourbière de deux lieues de long, a donné son nom au petit village qui s'abrite à l'ombre de la haute montagne dont l'extrémité forme la *pointe de la Roque*. La montagne n'offre au regard du voyageur que des assises abruptes de roches horizontales, mais ses flancs, curieux à explorer, renferment une ample collection de fossiles de toute espèce ; la tête de la Roque vous représente la carrière d'où furent tirées les pierres de l'église de Saint-Ouen, non pas Saint-Ouen de Rouen, mais Saint-Ouen de Pont-Audemer. Vers le milieu de la falaise, on vous montrera la grotte de saint Gérence, saint du septième siècle, qui passait sa vie sur ces hauteurs, occupé à regarder la mer et à prier Dieu.

La Brille est une jolie rivière qui vient se jeter dans la Seine, par un long détour, un peu au-dessous de la pointe de la Reque. Entre la montagne et le contour arrondi de la Brille, les alluvions successives de la Seine ont formé autrefois une grande prairie, connue sous le nom de *Banc du Nord*. — Le fleuve reprend, chaque jour, au rivage, quelque chose du présent qu'il lui avait fait, et ce fertile petit coin de terre, riche pâturage normand, ne sera bientôt plus qu'un rêve ! Ne quittons pas la Brille sans dire un mot de sa vallée, l'une des plus riches de toute la Normandie. A côté des ruines des châteaux de Montfort et de l'amiral d'Annebon, vous rencontrez les ruines savantes de la célèbre abbaye du Bec-Hellouin, qui a donné tant de grands hommes à la science, à l'État, à l'Église, à la guerre !

Voici encore une abbaye, *Grestain;* l'abbaye de Grestain fut fondée au onzième siècle, par un comte de Conteville ; Conteville, c'est ce petit village que vous laissez derrière vous, se dressant au fond des prairies marécageuses qui bordent, ici même, la rive gauche du fleuve. Ce sire de Conteville, pour le dire en passant, n'était autre qu'Helluin, le propre beau-père de Guillaume *le Conquérant*, par son mariage avec

Harlette, la belle et jeune fille au visage altier, à l'âme haute et fière, qui devait se montrer la digne mère d'un héros.

Helluin, couvert d'une lèpre hideuse, comprit bien vite cet avertissement du ciel, et il établit les bénédictins de Saint-Wandrille et de Préaux, à Grestain, où il fut enterré avec sa femme Harlette. Comme toutes les abbayes, celle-ci raconte ses incendies, ses pillages, ses fondations. Charles VII y coucha, en se rendant de Jumiéges au siége de Honfleur. Mais de tous les souvenirs de Grestain, le plus célèbre est celui d'un merveilleux garde-manger que l'on y voyait encore vingt ans avant sa destruction. Dans un couloir, disposé d'une manière parfaite pour la circulation continuelle de l'air, pendaient au crochet les viandes et le gibier, tandis qu'une source d'eau vive permettait de conserver et d'engraisser le poisson d'eau douce. A l'une des extrémités, était un réservoir d'eau salée où les poissons de mer étaient deposés vivants, pour paraître dignement sur la table des moines. Sur les ruines de cette véritable abbaye de Thélème, s'élève aujourd'hui une habitation bourgeoise. Une source miraculeuse attire encore à Grestain les dévots du normand.

Au-dessous de Grestain se trouve *Berville-sur-Mer*; ce groupe de cabanes de pêcheurs, depuis le déplacement des bancs en 1812, est devenu un point de station pour les bâtiments trahis par le vent ou la marée, au-dessous, les maisons de *Figuefleur* s'élèvent sur le coteau qui borde l'embouchure de la Morel; c'est ici la limite des deux départements de l'Eure et du Calvados. Tout ce pays est couvert de bois, de coteaux, de maisons; il est sillonné de petites rivières, encaissées dans de riants vallons. La piété reconnaissante du marin a semé ce rivage de petites chapelles et de grandes croix qui s'élèvent au milieu des arbustes et des bruyères odorantes. L'eau vous en vient à la bouche, rien qu'à traverser ces grands pâturages qui s'étendent le long du rivage, depuis la Morel jusqu'à Honfleur. Vous passez, en effet, dans ces hautes herbes où s'engraisse le fameux mouton de Présalé, le *nec plus ultrà* du mouton.

Nous touchons cependant au terme que reculent en vain les zigzags capricieux du chenal. Un dernier écart vers la rive opposée nous jette, ou peu s'en faut, devant Honfleur, et puisqu'il est en vue, parlons un peu de Honfleur, s'il vous plaît.

Honfleur.

Honfleur a joué ici le rôle que joue le Havre aujourd'hui ; son port était le roi du fleuve. C'était la grand'porte ; tout y entrait et tout en sortait. A l'époque où la navigation française tentait ses premières conquêtes, les marins de Honfleur marchaient au premier rang des conquérants. Il suffit de citer, dans le nombre, Binot Paulmier, le premier Français qui ait doublé le cap de Bonne-Espérance (1503) ; Lelièvre, qui s'en alla, en 1617, avec trois vaisseaux, pour établir, de son chef, des relations commerciales avec les souverains de Java, d'Achem et de Sumatra ; hommes à la taille de ces illustres Normands, messire Ango et Jacques Cœur. Plus tard, Honfleur donna naissance au célèbre Pierre

Béthelot, simple pilote, qui remplit, au commencement du dix-huitième siècle, les mers de l'Inde du bruit de son nom. Béthelot se fit carme déchaussé, sans abandonner son premier métier, et, le crucifix d'une main, la barre du gouvernail de l'autre, il continua de régner dans ces parages jusqu'en 1729, où il finit par rencontrer dans la ville d'Achem la palme du martyre ; épisode unique peut-être dans la vie d'un pilote. Quelques siècles plus tôt, l'intrépide marin aurait été saint Béthelot.

La véritable illustration de Honfleur, ce sont ses marins ; sa vie politique est peu de chose. Fondée on ne sait quand, ni par qui, la ville donne, pour la première fois, signe d'existence sous Guillaume *le Conquérant*, qui y séjourna peu de temps avant sa mort. Les inévitables Anglais s'en rendirent maîtres durant la grande invasion de Henri V, et ne la rendirent qu'au dernier moment, en 1450, après la bataille de Formigny. Puis viennent les calvinistes, et bientôt après les gens de la Ligue, qui tombant, les armes à la main, au milieu de ces calculs, de ces préoccupations commerciales, de ces navires en chargement ou en partance, entraînent Honfleur dans le tourbillon des guerres civiles. Honfleur fut la dernière ville de Normandie qui resta à la Ligue ; le Béarnais fut obligé, pour y entrer, d'abattre à coups de canon ces remparts, que personne ne songea à relever ensuite, et dont vous trouverez encore, çà et là, quelques débris imposants.

A l'époque de sa grande prospérité, du temps qu'il était seul et que le Havre n'était encore qu'un marais, le port de Honfleur, à demi comblé aujourd'hui par le sable et la vase, envoyait des flottes entières à Terre-Neuve, ou sur les côtes d'Afrique, et dans les colonies nouvelles de la France.

La ville comptait 17,000 habitants ; aujourd'hui elle serait heureuse d'en avoir la moitié. De puissantes mains ont essayé, mais en vain, d'arrêter sa décadence toujours croissante. Le grand roi, Louis XIV, daigna visiter la ville de Honfleur ; le premier consul Bonaparte lui donna quelques heures en 1802, et de ces quelques heures devaient sortir de grandes améliorations. — Rien n'a pu lutter contre la vase et le Havre, deux ennemis sans pitié qui finiront par tuer Honfleur. Les rues de la ville, étroites, petites et sans alignement, ses tristes et vieilles maisons de bois, répondent mal à l'aspect du port et de la jetée, qui ne manque pas de grandeur, et à sa charmante exposition. « La ville est assise au « pied du coteau, dans une position riante. Et pourtant la ville est triste, « silencieuse; la vie d'autrefois s'est enfuie, et aussi la passion, « l'ardeur, l'espérance, les grandes entreprises : c'est la ville du repos, « des heures choisies, des lentes promenades, des vertes collines. »

Un peu au-dessous de Honfleur, s'élève, dominant toute la contrée, le *cap de Grâce*, qu'il faut doubler avant de retourner au Havre. La mon-

Montagne de Notre-Dame-de-Grâce.

tagne de Grâce fournit une belle qualité d'ardoises; elle a des veines d'un marbre gris, assez semblable à celui de Sainte-Anne ; elle est riche en fossiles de toute espèce; le crocodile du Nil y a été rencontré, il y a de cela quelques années. — Son principal titre à l'attention du voyageur, est cette petite chapelle que l'on aperçoit sur la montagne la plus élevée. C'est *Notre-Dame-de-Grâce,* nom cher aux marins. Au bas de la côte, des spéculateurs, versés dans la connaissance du cœur humain, ont élevé à un dieu plus profane, une multitude de petites chapelles bachiques, où les porteurs *d'ex voto* ne se font pas faute, à la descente, d'arroser, en vrais marins, leurs dévotions matinales. Le passager du Havre ne manquait jamais, autrefois, de se découvrir en passant devant la montagne, et de recommander le navire à Notre-Dame-de-Grâce.

Avant de quitter les côtes du Calvados, il ne faut pas oublier *Trouville :* il y a quelques années, c'était à peine un bourg de pêcheurs ; au-

Trouville.

jourd'hui, Trouville, grâce à sa plage, à son beau ciel, à de charmantes maisons, élevées à cette place, l'hôtel de *Bellevue*, par exemple, est devenue la rivale de Dieppe.

La montagne de Grâce une fois doublée, on met le cap sur le Havre, et nous ne voyons plus rien que la mer. L'aspect est immense. On dirait que la vague veut s'emparer de la terre et du ciel. Le regard, qui tombe indifférent sur cet infini mystérieux et mouvant, s'y arrête à la longue, s'éblouit, se fascine, et ne peut plus s'en détacher.

Peu à peu le rivage se rapproche; à votre droite, un peu au-dessus, vous reconnaissez, à son clocher pointu et à ses grands jardins, *Harfleur*, un port autrefois, et qui est aujourd'hui à une demi-lieue dans les terres.

Harfleur.

Encore un coup d'œil avant d'entrer dans le port qui nous attend. Ce n'est qu'un simple village; mais ce village a bien son importance.

Le village de *l'Heure*, que vous voyez là-bas, tout à côté de la pointe du Hoc, a fourni autrefois trente-deux bâtiments au roi Philippe-Auguste, quand il rassembla la flotte qui devait s'opposer au débarque-

1. Voyez Harfleur, page 95.

Morel fatio del. Outhwaite sculp.

(vue de la jetée)

ment des Anglais. L'Heure avait ses droits d'octroi, de pêche, d'ancrage et de prévôté. Chaque marchand verrier qui débarquait sur cette plage était tenu de donner au prévôt le plus grand de ses verres, qu'on remplissait de vin. Si le verre n'était pas vidé d'un seul trait, il fallait en donner un second. Le prévôt payait le vin, mais il avait soin de le fournir de telle qualité que, pour éviter de le boire, le pauvre marchand se résignait tout de suite à donner ses deux verres. A tous ces beaux priviléges, l'Heure a renoncé, en 1430, en faveur du Havre; il se vit même enclavé en partie dans les fortifications de la ville, insolente héritière de toute la prospérité de ces rivages. On le tira de ce piége, en 1584, en conservant quelques ouvrages, augmentés encore sous Charles IX, par les Anglais, quand la trahison leur eut livré le Havre, dont ils voulaient faire un second Calais; mais Catherine de Médicis leur reprit le Havre en six jours.

Ainsi nous voilà arrivés au Havre par le beau fleuve de Seine! Sans doute nous avons marché moins vite que le chemin de fer, mais le voyage ne nous a pas paru trop long. En effet, le moyen de compter des heures remplies par les plus charmants aspects de la terre et du ciel! — Le chemin de fer, c'est la voie favorite des affaires; le bateau à vapeur, c'est le voyage du plaisir. Ici la fortune, et sur le bateau la poésie; ici l'âge mûr qui a hâte d'arriver, et sur le bateau, la jeunesse qui est bien partout où elle s'amuse. Placé entre ces deux grandes lignes qui le rattachent à Paris, le Havre ne s'est pas donné l'embarras de choisir; il a accepté avec reconnaissance le feu, la vapeur et le fer, les montagnes aplanies et les vallons comblés, mais il a gardé sa rivière.

Certes, nous avons fait là un beau voyage; au bout de ce voyage nous sommes arrivés chargés d'une ample moisson de souvenirs. Et pourtant, si longue et si curieuse qu'ait été la traversée, il s'en faut que vous ayez vu toute la Normandie, il s'en faut que nous vous ayons

1. Voyez le Havre, page 99.

raconté cette surprenante histoire. Quelques heures et quelques pages, pour la province la plus importante de France, c'est trop peu; aussi bien, que nos lecteurs se rassurent, toute chose a été prévue, à la plus grande louange de la Normandie. Ce petit itinéraire, que nous avons fait aussi splendide que nous avons pu le faire, est destiné à la première curiosité du voyage; mais les voyageurs studieux, les voyageurs curieux, les artistes, les amis de l'histoire, ceux qui aiment à trouver réunis, dans la même œuvre, l'aspect, la physionomie, les chefs-d'œuvre, les ruines, les hommes d'une grande histoire; tous ceux qui ne veulent pas que l'on sépare ces divines parties du travail humain l'industrie, le commerce, la croyance, la bataille, la gloire des armes et les conquêtes des beaux-arts, ceux-là liront *la Normandie*, ce livre de M. Jules Janin que nous avons mis à contribution pour ce petit livre, fait en courant, destiné à être lu en courant.

Vue des phares et des bains Frascati.

TABLE DES MATIÈRES.

DE PARIS A ROUEN.

DE ROUEN AU HAVRE

PAR LE CHEMIN DE FER.

DE ROUEN AU HAVRE

PAR LES BATEAUX A VAPEUR.

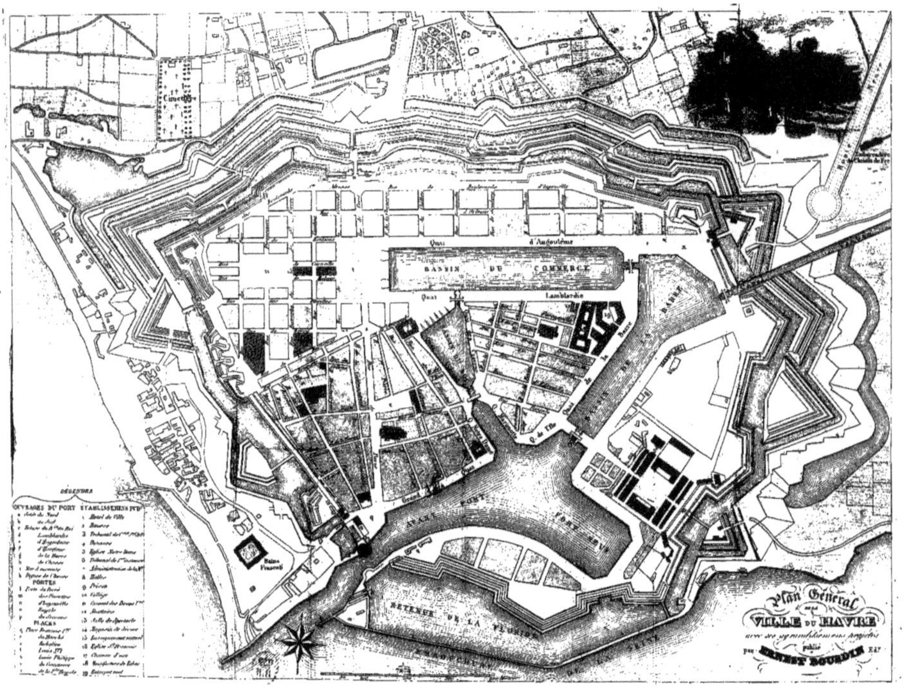
Plan Général
VILLE DU HAVRE
publié
par ERNEST BOURDIN Edr
Quai d'Angoulême
BASSIN DU COMMERCE
Quai Lamblardie
Cimetière
LÉGENDES
OUVRAGES DU PORT
PORTES
PLACES
Bains Frascati
AVANT PORT
RETENUE DE LA FLORIDE

CHEMINS DE FER DE PARIS A ROUEN ET AU HAVRE.

Le 22 mars 1847,

OUVERTURE DU CHEMIN DE FER DE ROUEN AU HAVRE

SERVICE DE PARIS A ROUEN ET AU HAVRE.

EXPLOITATION. — Mod. 50. Lacrampe fils et Cie.

Paquebots à vapeur au Havre

Pour LONDRES.
» HONFLEUR.
» TROUVILLE.
» CAEN.
» CHERBOURG.
» JERSEY.
» GUERNESEY.
» SAINT-MALO.
» MORLAIX.
» SOUTHAMPTON.
» LIVERPOOL.
» DUBLIN.
» DUNKERQUE.
» ROTTERDAM.
» HAMBOURG.
» COPENHAGUE.
» SAINT-PÉTERSBOURG.
» LISBONNE.
» CADIX.

Paquebots à voiles au Havre

Pour BAYONNE.
» BARCELONE.
» MADÈRE.
» MARSEILLE.
» BOURBON.
» PONDICHÉRY.
» MADRAS.
» BOMBAY.
» CALCUTTA.
» FERNAMBUCO.
» LIMA.
» CAYENNE.
» NEW-YORK.
» PORTO-RICO.
» MANILLE.
» JAMAIQUE.
» LA HAVANE.
» NOUVELLE-ORLÉANS.
» MEXICO.
» MONTE-VIDÉO.
» BUÉNOS-AYRES.
» RIO-JANEIRO.

OMNIBUS.

STATIONS A PARIS.

Rue Saint-Martin, 247, hôtel du Petit-Saint-Martin;
Rue de la Jussienne, 25, bureau de Mme Maïhot;
Cour des Messageries Royales;
Rue et hôtel Saint-Paul, 40;
Place du Carrousel, hôtel de Nantes;
Place Saint-Sulpice, rue du Vieux-Colombier, 6.

Des voitures spéciales desservent le Chemin de Fer à tous les départs et à toutes les arrivées, et transportent, de leurs diverses stations à la gare et de la gare à ces stations, les voyageurs et leurs bagages.

A ROUEN, AU HAVRE
ET AUX PRINCIPALES STATIONS,
Omnibus spéciaux desservant le Chemin de fer.

VOITURES DE CORRESPONDANCE ÉTABLIES AUX STATIONS.

A POISSY	pour	Andresy.
MEULAN	»	Maule et Issou.
MANTES	»	Magny, Anet, Septeuil, Houdan, Dreux, la Roche-Guyon.
ROSNY	»	Ivry-la-Bataille, Saint-André.
BONNIÈRES	»	Évreux, Conches, Verneuil, Lire, Laigle, Breteuil.
VERNON	»	Évreux.
GAILLON	»	Les Andelys.
SAINT-PIERRE	»	Louviers, Évreux, Bernay, le Neubourg, Beaumont-le-Roger, La Rivière, Thibouville.

A PONT-DE-L'ARCHE	pour	Fleury, Pont-St-Pierre, Lions, Charleval.
TOURVILLE	»	Elbeuf.
OISSEL	»	Elbeuf.
ROUEN	»	Caen, Pont-Audemer, Dieppe, Pont-l'Évêque, Amiens, Neufchâtel, Le Mans.
MALAUNAY	»	
BARENTIN	»	
PAVILLY	»	
MOTTEVILLE	»	
YVETOT	»	
ALVIMARE	»	
NOINTOT	»	
BREUZEVILLE	»	
HARFLEUR	»	

SERVICE à dater du 22 Mars 1847.

TABLEAU INDICATIF DES HEURES DE DÉPART ET D'ARRIVÉE DES TRAINS.

Embarcadères : À PARIS. — Rue d'Amsterdam, 11. À ROUEN. r. g., q. Cours-la-Reine. r. d., rue Verte. AU HAVRE. — Cours Napoléon.

TRAINS DESCENDANT DE PARIS VERS ROUEN OU DE ROUEN VERS LE HAVRE.

Distances de Paris en kilomètres	STATIONS. — DÉPARTS DE	MATIN. N. 1. Train ordinaire en 2 h. 50 de Rouen (rive droite) au Havre. Départ : à 6 h. 10 Arrivée : à 9 h.	MATIN. N. 2. Train ordinaire en 7 h. de Paris à Rouen (rive droite) et au Havre. Départ : à 7 h. Arrivée : à Rouen à 11 h. au Havre à 2 h.	MATIN. N. 3. Train ordinaire en 3 h. 50 de Paris à Rouen (rive gauche). Départ : à 10 h. Arrivée : à 1 h. 50	MATIN. N. 4. Tr. gr. vitesse en 5 h. 45 de Paris à Rouen (rive droite) et au Havre. Départ : à midi. Arrivée : à Rouen à 3 h. 35 au Havre à 5 h. 45	SOIR. N. 5. (1) Train ordinaire en 1 h. 36 de Paris à Mantes. Départ : à 1 h. Arrivée : à 2 h. 36	SOIR. N. 6. Train ordinaire en 7 h. de Paris à Rouen (rive droite) et au Havre. Départ : à 4 h. Arrivée : à Rouen à 8 h. au Havre à 11 h.	SOIR. N. 7. (1) Train ordinaire en 45 m. de Paris à Poissy. Départ : à 5 h. 25 Arrivée : à 6 h. 10	SOIR. N. 8. Train ordinaire en 3 h. 50 de Paris à Rouen (rive gauche). Départ : à 7 h. Arrivée : à 10 h. 50	SOIR. N. 9. Train Poste en 6 h. 35 de Paris à Rouen (rive droite) et au Havre. Départ : à 11 h. Arrivée : à Rouen à 2 h. 40. au Havre à 5 h. 35. 1re et 2e cl.	MATIN LE JEUDI. N. 10. Train ordinaire en 45 m. de Paris à Poissy. Départ : à 6 h. Arrivée : à 6 h. 45
		h. m.	h. m.	h. m.	h. m.	h. m.	h. m.	h. m.	h. m.	h. m.	h. m.
»	**PARIS**	»	7	10	midi.	1	4	5 25	7	11	6
9	COLOMBES	»	»	»	»	»	»	»	»	»	»
17	MAISONS	»	7 27	10 27	»	1 27	4 27	5 52	7 27	11 26	6 27
22	CONFLANS (Pontoise)	»	7 38	10 38	»	1 38	4 38	6 4	7 38	»	6 30
27	POISSY	»	7 48	10 48	12 36	1 48	4 48	6 10	7 48	*11 45	6 45
35	TRIEL	»	8 1	11 1	»	2 1	5 1	»	8 1	»	»
41	MEULAN	»	8 13	11 13	»	2 13	5 13	»	8 13	*12 5	»
49	ÉPONE	»	8 25	11 25	»	2 25	5 25	»	8 25	»	»
57	**MANTES**	»	8 46	11 46	1 21	2 36	5 46	»	8 46	*12 31	»
63	ROSNY	»	8 56	11 56	»	»	5 56	»	8 56	»	»
69	BONNIÈRES	»	9 6	12 6	1 30	»	6 6	»	9 6	*12 51	»
80	VERNON	»	9 25	12 25	1 50	»	6 25	»	9 25	*1 8	»
93	GAILLON (les Andelys)	»	9 43	12 43	»	»	6 43	»	9 43	*1 28	»
107	SAINT-PIERRE (Louviers)	»	10 5	1 5	2 34	»	7 5	»	10 5	*1 49	»
119	PONT-DE-L'ARCHE	»	10 25	1 25	»	»	7 25	»	10 25	*2 9	»
124	TOURVILLE (Elbeuf)	»	10 34	1 34	»	»	7 34	»	10 34	»	»
128	OISSEL	»	10 38	1 38	»	»	7 38	»	10 38	»	»
134	**SOTTEVILLE**	»	10 50	1 45	3 15	»	7 50	»	10 43	2 30	»
137	**ROUEN** (rive gauche)	»	»	1 50	»	»	»	»	10 50	»	»
140	**ROUEN** (rive droite)	6 10	11 10	»	3 35	»	8 10	»	»	3 10	»
146	MAROMME	6 21	11 21	»	»	»	8 21	»	»	»	»
149	MALAUNAY	6 31	11 31	»	»	»	8 31	»	»	*3 26	»
157	BARENTIN	6 49	11 49	»	3 59	»	8 49	»	»	»	»
159	PAVILLY	6 55	11 55	»	»	»	8 55	»	»	»	»
170	MOTTEVILLE	7 18	12 18	»	»	»	9 18	»	»	»	»
178	**YVETOT**	7 33	12 33	»	4 32	»	9 33	»	»	*4 21	»
189	ALVIMARE	7 52	12 52	»	»	»	9 52	»	»	»	»
197	NOINTOT (Bolbec)	8 6	1 6	»	4 59	»	10 6	»	»	»	»
203	BEUZEVILLE (Fécamp)	8 19	1 19	»	5 9	»	10 19	»	»	*4 38	»
211	SAINT-ROMAIN	8 32	1 32	»	»	»	10 32	»	»	»	»
222	HARFLEUR	8 51	1 51	»	5 36	»	10 51	»	»	*5 20	»
229	**LE HAVRE**	9	2	»	5 45	»	11	»	»	5 35	»

TRAINS MONTANT DU HAVRE VERS ROUEN OU DE ROUEN VERS PARIS.

Distances du Havre en kilomètres	STATIONS. — DÉPARTS DE	MATIN. N. 1. Train ordinaire en 4 h. 10 de Rouen (rive gauche) à Paris. Départ : à 7 h. 5 Arrivée : à 11 h. 15.	MATIN. N. 2. Train ordinaire en 7 h. 15 du Havre à Rouen (rive droite) et à Paris. Départ : à 7 h. Arrivée : à Rouen à 9 h. 45 à Paris à 2 h. 15	MATIN. N. 3. (1) Train ordinaire en 50 m. de Poissy à Paris. Départ : à 8 h. 10 Arrivée : à 9 h.	MATIN. N. 4. Tr. gr. vitesse en 6 h. 10 du Havre à Rouen (rive droite) et à Paris. Départ : à 11 h. Arrivée : à Rouen à 1 h. 21 à Paris à 5 h. 10	SOIR. N. 5. Train ordinaire en 4 h. 10 de Rouen (rive gauche) à Paris. Départ : à 4 h. 5 Arrivée : à 8 h. 15	SOIR. N. 6. Train ordinaire en 7 h. 15 du Havre à Rouen (rive droite) et à Paris. Départ : à 3 h. Arrivée : à Rouen à 5 h. 55 à Paris à 10 h. 15	SOIR. N. 7. Train ordinaire en 2 h. 45 du Havre à Rouen (rive droite). Départ : à 7 h. Arrivée : à 9 h. 45	SOIR. N. 8. (1) Train ordinaire en 1 h. 50 de Mantes à Paris. Départ : à 9 h. 10 Arrivée : à 11 h.	SOIR. N. 9. Train poste en 7 h. du Havre à Rouen (rive droite) et à Paris. Départ : à 10 h. Arrivée : à Rouen à 12 h. 30 à Paris à 5 h. 1re et 2e cl.	SOIR LE JEUDI. N. 10. Train ordinaire en 55 m. de Poissy à Paris. Départ : à 3 h. 15 Arrivée : à 4 h. 10
		h. m.	h. m.	h. m.	h. m.	h. m.	h. m.	h. m.	h. m.	h. m.	h. m.
»	**LE HAVRE**	»	7	»	11	»	3	7	»	10	»
7	HARFLEUR	»	7 16	»	11 15	»	3 16	7 16	»	10 16	»
18	SAINT-ROMAIN	»	7 36	»	»	»	3 36	7 36	»	»	»
26	BEUZEVILLE (Fécamp)	»	7 53	»	11 48	»	3 53	7 53	»	*10 31	»
32	NOINTOT (Bolbec)	»	8 4	»	11 58	»	4 4	8 4	»	»	»
40	ALVIMARE	»	8 20	»	»	»	4 20	8 20	»	»	»
51	**YVETOT**	»	8 40	»	12 28	»	4 40	8 40	»	11 30	»
59	MOTTEVILLE	»	8 54	»	»	»	4 54	8 54	»	»	»
70	PAVILLY	»	9 11	»	»	»	5 11	9 11	»	»	»
72	BARENTIN	»	9 16	»	12 38	»	5 16	9 16	»	12	»
80	MALAUNAY	»	9 29	»	»	»	5 29	9 29	»	*12 17	»
83	MAROMME	»	9 38	»	»	»	5 38	9 38	»	»	»
89	**ROUEN** (rive droite)	»	9 55	»	1 27	»	5 55	9 45	»	1	»
»	**ROUEN** (rive gauche)	7 5	»	»	»	4 5	»	»	»	»	»
95	SOTTEVILLE	7 9	10 9	»	1 40	4 9	6 9	»	»	1 15	»
101	OISSEL	7 20	10 20	»	»	4 20	6 20	»	»	»	»
105	TOURVILLE (Elbeuf)	7 33	10 33	»	»	4 33	6 33	»	»	1 32	»
110	PONT-DE-L'ARCHE	7 42	10 42	»	»	4 42	6 42	»	»	1 41	»
123	SAINT-PIERRE (Louviers)	8 2	11 2	»	2 23	5 2	7 2	»	»	*2 2	»
136	GAILLON (les Andelys)	8 24	11 24	»	»	5 24	7 24	»	»	*2 22	»
150	VERNON	8 43	11 43	»	3 5	5 43	7 43	»	»	*2 41	»
161	BONNIÈRES	8 59	11 59	»	3 17	5 59	7 59	»	»	*2 58	»
167	ROSNY	9 13	12 13	»	»	6 13	8 13	»	»	»	»
173	**MANTES**	9 33	12 33	»	3 40	6 33	8 33	»	9 10	*3 23	»
181	ÉPONE	9 44	12 44	»	»	6 44	8 44	»	9 22	»	»
189	MEULAN	9 59	12 59	»	»	6 59	8 59	»	9 39	*3 48	»
195	TRIEL	10 8	1 8	»	»	7 8	9 8	»	9 50	»	»
203	POISSY	10 23	1 23	8 10	4 22	7 23	9 23	»	10 5	*4 12	3 15
208	CONFLANS (Pontoise)	10 35	1 35	8 22	»	7 35	9 35	»	10 18	»	3 28
213	MAISONS	10 45	1 45	8 34	4 40	7 45	9 45	»	10 30	»	3 40
220	COLOMBES	11 1	2 1	8 47	4 56	8 1	10 1	»	10 46	4 46	3 55
229	**PARIS**	11 15	2 15	9	5 10	8 15	10 15	»	11	5	4 10

Il n'y a pas de station à Sotteville. Ce point est le point d'embranchement de la ligne du Havre sur la ligne de Rouen. — Tous les trains, à l'exception des trains nos 4 et 9, s'arrêtent dix minutes à Mantes et à Rouen (Rive droite). Des buffets sont établis à ces stations.

(1) Le train de Mantes (no 5 descend. et no 8 mont.) et le train de Poissy (no 7 descend. et no 3 mont.) n'auront lieu qu'à dater du 15 avril.

* Arrêt pour le service des dépêches seulement.

A

TABLEAU DU PRIX DES PLACES.

DE PARIS à	1re CLASSE.		2e CLASSE.		3e CLASSE.		DU HAVRE à	1re CLASSE.		2e CLASSE.		3e CLASSE.	
	F.	C.	F.	C.	F.	C.		F.	C.	F.	C.	F.	C.
COLOMBES	»	»	»	»	»	»	HARFLEUR	»	80	»	60	»	45
MAISONS	1	50	1	25	1	»	SAINT-ROMAIN	2	20	1	50	1	25
CONFLANS	1	75	1	50	1	10	BEUZEVILLE	3	»	2	10	1	70
POISSY	2	»	1	60	1	30	NOINTOT	3	70	2	50	2	10
TRIEL	3	»	2	25	1	75	ALVIMARE	4	60	3	20	2	60
MEULAN	4	»	2	80	2	10	YVETOT	5	90	4	10	3	35
ÉPONE	5	»	3	50	2	75	MOTTEVILLE	6	80	4	75	3	85
MANTES	6	»	4	50	3	25	PAVILLY	8	»	5	60	4	35
ROSNY	7	50	6	»	4	75	BARENTIN	8	50	5	80	4	60
BONNIÈRES	8	»	6	30	5	25	MALAUNAY	9	20	6	40	4	80
VERNON	9	50	8	»	6	»	MAROMME	9	55	6	65	4	90
GAILLON	11	»	9	50	7	25	ROUEN (rive droite)	10	»	7	50	5	»
SAINT-PIERRE	12	50	11	»	8	25	ROUEN (rive gauche)	»		»		»	
PONT-DE-L'ARCHE	14	»	11	50	9	20	OISSEL	11	70	8	35	6	»
TOURVILLE	15	»	12	50	9	50	TOURVILLE	11	80	8	70	6	10
OISSEL	15	70	12	70	9	70	PONT-DE-L'ARCHE	12	50	9	»	6	30
ROUEN (rive gauche)	16	»	13	»	10	»	SAINT-PIERRE	13	90	9	90	6	90
ROUEN (rive droite)	16	»	13	»	10	»	GAILLON	16	10	12	10	8	30
MAROMME	16	90	13	50	10	80	VERNON	18	»	13	55	9	60
MALAUNAY	17	25	13	70	11	»	BONNIÈRES	19	25	14	80	10	60
BARENTIN	18	15	14	35	11	30	ROSNY	19	75	15	»	10	85
PAVILLY	18	40	14	50	11	65	MANTES	20	75	15	80	11	55
MOTTEVILLE	19	65	15	40	12	35	ÉPONE	21	75	16	80	12	15
YVETOT	20	50	16	»	12	90	MEULAN	22	75	17	60	12	80
ALVIMARE	21	85	16	90	13	60	TRIEL	23	75	18	30	13	25
NOINTOT	22	75	17	50	14	10	POISSY	24	75	18	80	13	55
BEUZEVILLE	23	50	18	»	14	50	CONFLANS	25	25	19	30	13	85
SAINT-ROMAIN	24	35	18	70	15	»	MAISONS	25	75	19	90	14	40
HARFLEUR	25	65	19	50	15	40	COLOMBES	»		»		»	
LE HAVRE	26	50	20	50	15	50	PARIS	26	50	20	50	15	50

Les voyageurs transportés dans leurs voitures paient le prix de la dernière classe du train dont ces voitures font partie.

TARIF POUR LE TRANSPORT DES VOITURES ET DES CHEVAUX.	VOITURES de 2 à 4 roues, 1 fond, 1 banq.		VOITURES de 2 à 4 roues 2 fonds, 2 banq.		CHEVAUX. Un cheval.		CHEVAUX. Deux chevaux.		CHEVAUX. Trois chevaux.	
	F.	C.	F.	C.	F.	C.	F.	C.	F.	C.
DE PARIS AU HAVRE, *et vice versa.*	116	50	130	85	69	70	130	25	174	75
DE PARIS A ROUEN, id.	70	50	91	05	42	10	78	70	105	75
DU HAVRE A ROUEN, id.	46	50	59	85	27	70	51	85	69	75

Pour plus de 3 chevaux expédiés de Rouen ou de St-Pierre, et adressés au même destinataire, à Paris, faculté de louer des waggons pouvant contenir au plus trois chevaux, à raison de 45 centimes par waggon et par kilomètre.

Les voyageurs devront être rendus aux stations au moins 10 minutes, et les bagages 15 minutes, avant le temps indiqué au tableau. — Cinq minutes avant l'heure fixée pour le départ, les bureaux de recette seront fermés, et il ne sera plus délivré de billets. — Les billets ne peuvent servir que pour l'heure indiquée. Ils doivent être présentés à l'entrée des salles d'attente, et conservés pour être remis à la station d'arrivée. — Ils seront représentés à toute réquisition des agents de la Compagnie. — Les voyageurs qui ne pourraient pas représenter leur billet devront payer le prix de leur place, calculé sur la distance la plus éloignée. — Toutes les fois qu'un voyageur voudra changer de place, il en préviendra le chef du train et exhibera son billet.

A deux ans, les enfants paient demi-place ; à six ans, ils paient place entière.

Il est alloué 15 kilogrammes de bagages à chaque voyageur. — Les bagages qui seraient présentés trop tard à l'enregistrement seront remis au train suivant et taxés comme marchandise à grande vitesse. — Les bulletins de bagages doivent être conservés pour être représentés à la station d'arrivée. — Aucun paquet embarrassant ne sera placé dans les voitures. — Tout paquet enregistré sera déposé dans les voitures de bagages.

La Compagnie ne répond pas des effets non enregistrés, ni des chiens qui ne seraient pas amenés 10 minutes avant le départ.

Le service des gares se faisant gratuitement, les voyageurs sont invités à ne rien offrir aux facteurs.

Les ordonnances de police défendent de fumer dans les voitures et dans les gares.

www.ingramcontent.com/pod-product-compliance
Lightning Source LLC
Chambersburg PA
CBHW052051090426
42739CB00010B/2134
9782012632523